KB078205

오바마는 귀가 아닌 가슴을 향해 말한다

YES, WE CAN.

오바마는
귀가 아닌 가슴을 향해
말한다

| 이정숙 지음 |

살림Biz

✚ 이 책에서 사용된 오바마의 일화는 오바마의 자서전인 『담대한 희망』을 참고, 인용하였습니다.

사람들은 늘 그렇게 말한다. 내가 어떻게 그런 뛰어난 인물만큼 성공할 수 있느냐고. 그 사람의 성공은 감히 나와 대적할 수 없는 수준이라고. 그러나 그토록 어마어마하게 성공한 사람들도 원래는 우리처럼 평범한 사람들이었다. 대개는 우리보다 못한 처지에서 허우적거렸다.

미국 역사상 최초로 흑인 대통령이 된 버락 오바마도 그랬다. 그가 어렸을 때는 누구도 말라깽이에 비실비실하던 흑인 소년이 미국 대통령이 될 거라고는 상상을 못했다. 하지만 부모 없이 할머니 손에 자라며 마약이나 하던 그 소년이 이제 미국의 역사를 바꿀 최초의 흑인 대통령의 꿈을 이룬 것이다.

그 소년은 케냐 정부의 장학금으로 미국에 공부하러 온 가난한 아프리카 출신 흑인 아버지와 미국 시골 출신 백인 어머니 사이에서 태어났다. 하지만 2살 때 그의 부모는 이혼을 하고 말았다. 아버지는 케냐로 귀국하고 어머니는 그가 6살 때 인도네시아인과 재혼해 아들을 인도네시아로 데리고 갔다. 6년 후 다시 이혼, 아들은 외할머니 손에 맡겨졌다. 그 아들은 청소년기가 되자 이런 자기 처지를 비관해 마약에 손을 댔다. 그러나 외할머니의 눈물겨운 노력과 자신의 굳은 의지로 슬기롭게 극복하고 공부에 매달렸다. 그 결과 좋은 대학에 들어갈 수 있었다. 대학을 졸업하고 나서는 자신과 비슷한 처지에 놓인 가난한 이들을 도우려고 사회운동에 뛰어들었다. 그리고 그 중심에 바로 정치가 있었다.

별 볼 일 없던 말라깽이 흑인 소년 오바마가 이처럼 누구도 상상하지 못했던 성공을 이룬 것은 누가 뭐라고 해도 말솜씨 덕분이다. 오바마는 미국 상원의원에 당선된 후 하나의 연설로 민주당의 주요 인물로 급부상했다. 2004년 민주당 전당대회 기조연설에서 당원들을 감동시켜 민주당 중진 의원들마저 오바마를 흔들리는 민주당의 구원투수로 믿게 만들었다. 그의 말솜씨는 백악관 안방에서 8년을 살고 뉴욕에서 4년을 상원으로 지낸 정치 9단 힐러리 클린턴도 가뿐히 눌렀다. 그리고 아직도 흑백인종 논쟁이 끊이지 않는 미국에서 전형적인 백인 노장 공화당의 매케인 후보 역시 말솜씨로 크게 눌렀다.

우리나라 사람들에게도 말이 신분증이 되었다. 우리 모두 잦은 이사, 이직 등으로 신종 유목인이 되었기 때문이다. 정착민은 대를 이어 한 곳에 산다. 굳이 말로 설명하지 않아도 주변 사람들의 속마음을 뼛속까지 알 수 있다. 유목민은 대부분의 주변 사람들을 오다가다 만난다. 말만 들어보고 사람 됨됨이를 판단해야 한다. 실제 됨됨이보다 말이 중요한 평가 기준이 된 것이다.

그래서 지금은 정치뿐 아니라 경영, 직장, 가족, 교우관계에 이르기까지 말은 성공을 좌우한다. 대화에 대한 책들이 쏟아져 나오고 그런 책들이 잘 나가는 것도 바로 이 때문이다.

말을 잘한다는 것은 바른 사고를 가졌다는 말이다. 또한 말을 잘한다는 것은 현명한 사고를 가졌다는 말이다. 따라서 말을 잘한다는 것은 사람이 괜찮다는 말이다. 말만 번지르르하게 잘하는 사람에게 속아 넘어가는 것은 말의 참뜻을 몰라서 생기는 일이다.

그러나 말은 절대로 공짜로 잘할 수 없다. 명연설을 남긴 케네디는 부잣집 아들답게 로버트 프로스트 등 하버드 대학의 저명한 교수들에게 수사학과 작시법, 웅변술을 개인교습 받았다. 마틴 루터 킹은 아주 어릴 때부터 목사인 아버지로부터 설교 테크닉을 배웠다. 윈스턴 처칠은 중·고등학교 때부터 귀족 학교에서 고대 그리스, 라틴 문법과 고대 그리스로부터 내려오는 수사학을 배웠다. 성인이 된 후에는 기드온의 『로마 쇠망사』라는 책을 헤질 때까지 읽으며 표현법을 익히고 'R' 발음이 꼬이는 잘못된 습관을 바꾸려고 입이 부르트도록 발음 연습을 했다. 알렉산더 대왕은 책사인 아리스토텔레스에게 웅변술을 배웠고 나폴레옹은 텔마라는 배우에게 웅변술을 배웠다. 그리고 버락 오바마는 중·고등학교 때부터 TV와 영화를 보며 마빈 게이(Marvin Gay)의 유행가, 소울 트레인 프로그램(흑인 엔터테이너를 선발하는 프로그램)에서 댄스 스텝을, 리차드 프레이어(Richard Pryor)라는 유명 흑인 개그맨으로부터 유머, 말투, 악담의 즐거움 등을 익혔다. 그리고 보험 세일즈맨 외할아버지에게서 아주 어릴 때부터 설득법을 배웠다. 청소년기부터 성인이 된 후까지 닥치는 대로 읽고 쓰며 표현법과 생각 정리법을 익혔다. 수많은 명작에서 아름다운 표현법을 익힌 것이다.

그동안 나는 여러 책에서 대화의 중요성과 대화를 배워야 한다는 이야기를 해왔다. 그런 책들을 읽은 많은 독자들은 내가 왜 그런 주장을 열심히 펴는지 알겠지만 실천하기가 쉽지 않더라는 편지를 많이 보내왔다.

하지만 샘플이 있으면 실천하기 쉽다. 버락 오바마의 부상을 지켜보며 그의 말들이야말로 좋은 샘플이라고 생각했다. 오바마의 말들은 리더가 갖추어야 할, 부드럽게 말하고도 저항 없이 따라오게 만드는 마력을 가졌다. 그리고 누구라도 충분히 따라할 수 있을 만큼 쉽다. 리더로 성공하고 싶은 사람들에게 가장 탐나는 샘플인 것이다.

이 책에서 그 샘플을 뽑아 생활 속에서 실천하는 방법들을 소개하려고 한다. 오마바의 말을 특징별로 나누어 배우기 쉽게 서술하도록 노력하였다. 이 중 몇 가지만 생활 속에서 실천해도 사회나 기업의 리더로서, 평범한 직장인으로서, 가장 또는 주부로서, 부모로서, 자

식으로서, 친구로서, 자기 위치에 맞는 멋진 대화법을 꽤 많이 익힐
수 있을 것이다. 나는 이 책이 대화의 중요성은 알고 있지만 실천이
어렵다고 느끼는 많은 분들에게 실질적인 도움이 되기를 희망한다.

2008년 11월
이 정 숙

Contents

4장 날카로운 논쟁도 부드럽게 제압한다

5장 스토리텔링과 리듬으로 메시지를 각인시킨다

6장 약점을 미리 고백해 공격을 차단한다

➕1장

어려운 주제도
동화처럼 쉽게 말한다

누구나 아는 이야기를 하라

추위를 무릅쓰고 그 먼 데서 저를 보러 오신 것은 아닐 것입니다

말은 글과 성격이 다르다. 글은 한 번 봐서 이해가 안 되면 보고 또 볼 수 있다. 말은 이해가 안 되면 그만이다. 수험생이 아닌 이상 한 번 했던 말을 흘려들으면 다시 들으려고 하지 않을 것이다. 그래서 말은 글보다 쉬워야 한다. 한 번 들으며 귀에 딱 박히게 말해야 한다.

능력 있는 리더들도 대중 연설은 두려워한다. 왜냐하면 말을 어렵게 해서 청중의 호응을 별로 못 얻기 때문이다. 말을 하고 있는 본인의 수준에는 맞지만 듣는 사람 수준에는 안 맞아서다. 분야가 다르면 수준이 높은 사람도 다른 분야에 대해서는 잘 모른다. 그래서 말이 어려우면 듣기 싫어진다.

아는 것이 많기 때문에 전문성이 드러나게 말해야 한다고 생각해서 말을 어렵게 하는 사람들이 많다. 자기만 알아듣고 상대방은 못 알아듣는 말을 하는 것이다. 그래서 많은 사람들이 자기의 말귀를 못 알아듣는다고 불평하는 것이다. 그러나 말을 못 알아듣는 것은 듣는 사람의 책임이 아니다. 말하는 사람의 책임이다. 듣는 사람 키에 맞추어 듣는 사람이 한 번에 알아듣기 쉽게 말해야 한다. 말이란 자신이 그 일을 더 잘 하기 위해 하는 것이 아니라 그 일을 상대방이 하도록 하는 것이다. 상대방이 자신의 말을 잘 알아들어야 본인이 요구하는 일을 잘해줄 수 있는 것이다. 리더라면 당연히 듣는 사람이 어린 아이이건, 직위가 낮은 사람이건, 전혀 다른 분야 종사자이건, 내부인이건, 외부인이건, 사진이 찍히듯 알아듣게 말할 줄 알아야 리더십을 발휘할 수 있다.

정치인은 특히 대중에게 호소해야 하기 때문에 말을 쉽게 해야 한다. 선거를 잘 치르려면 대중인 유권자들이 잘 알아듣게 말해야 하기 때문이다. 유권자는 정치가를 선택할 권리가 있다. 알아듣지 못하는 말을 하는 후보의 말에 귀를 기울일 필요성을 못 느낀다. 유권자들은 정치가가 주장하는 바가 마음에 와닿지 않으면 바로 귀를 닫는다. 알고 보면 경영자나 사회 지도층도 마찬가지다. 리더들은 자신을 위해 일하는 사람이 많을수록 리더십이 커지는 법이다. 따르는 사람이 다양할수록 그 힘은 더욱 커지는 법이다. 기업이나 사회를 이끌고 있는 리더라면 듣는 사람이 쉽게 알아듣도록 말해야 리더로서의 자격이 생기는 것이다.

리더는 이미 리더의 위치만으로도 권위가 산다. 상대편은 그 권위만으로도 다가가기 어려울 수 있다. 그런 사람이 알아듣기 어렵게 말하면 말의 진의에 상관없이 "거만하다." "제멋대로 군다."라는 선입견이 생긴다. 그런 선입견은 대화의 통로를 막는다. 그래서 리더십을 무력하게 만든다.

리더가 되려면 어려운 말도 쉽게 전달해야 한다. 그 말이 더 많은 사람의 마음을 움직여야 하기 때문이다. 연설은 물론 일대일 대화도 쉽게 해서 단번에 알아듣게 말해야 당신의 말을 쉽게 이해하고 당신 말에 따라줄 것이다.

요즘 사람들은 대개 폭넓게 많이 안다. 머리도 좋다. 전문 식견도 높다. 대체로 아는 것이 많고 판단력도 뛰어나다. 사람에게는 아는 것을 남김없이 표현해 인정받고 싶은 욕구가 있다. 많이 아는 사람들이 말하기에 실패하는 이유가 바로 여기에 있다. 상대방은 모르고 자기만 아는 것 중심으로 모두 다 전달하려고 해 말이 어려워지는 것이다. 아는 것을 다 말하려니 말이 장황하고 복잡해지는 것이다. 어렵고 지루해지는 것이다. 말하는 사람은 상대방이 모자라서 자기 말귀를 못 알아듣는다고 생각하고, 듣는 사람은 자존심을 다쳐 그런 리더를 따르지 않으려고 한다. 듣는 사람은, 직속 부하 직원이 아닌 한 그런 식의 대화에 낄 필요가 없다고 생각한다. 일대일이 아닌 다중 앞에서의 연설이라면 당연히 싸늘한 반응이 나온다.

'청중'이라는 위치는 익명성이 보장되는 것으로 듣는 사람은 연사보다 파워가 약해도 몸으로, 눈짓으로, 여러 방법을 동원해 노골적으로 듣기 싫다는 표현을 하게 되어 있다. 눈치 빠른 사람들은 그런 청중의 분위기를 읽을 줄 안다. 하지만 자존감 높은 사람이라면 크게 좌절할 수 있다. 연설에서 그런 식의 좌절을 겪으면 자신의 초라한 모습을 내보이기 싫어 점차 공적인 발표를 꺼리기 쉽다. 그러다 보면 점차 말에 대한 자신감을 잃어 일대일의 대화에서도 상대방이 제대로 못 알아들었을까 봐 한 말 또 하고 또 하는 잔소리꾼으로 변할 수 있다.

사람들이 버락 오바마의 연설에 열광하는 이유는 어떤 어려운 내용도 초등학생이 알아들을 수 있을 정도로 쉽게 말하기 때문이다. 능력과 경력을 갖춘 대부분의 정치인들이 종교, 인종, 국제, 경제 문제들을 전문용어로 말할 때 그는 초등학생도 알아들을 수 있는 쉬운 말로 그 어려운 주제를 풀어서 설명한다.

"먼저 이 무서운 한파에도 여기까지 와주신 것에 감사드립니다. 이 한파에도 멀리 일리노이 스프링스턴까지 오신 이유는 단지 저를 보기 위해서가 아니라는 것을 저는 잘 압니다. 여러분은 단지 저 때문에 여기에 오신 것이 아니라 미합중국의 가능성을 믿기 때문에 여기에 오신 것이라고 알고 있습니다."

그는 대통령 입후보 수락 연설을 이렇게 시작했다.

미국에서도 시카고 한파는 악명이 높다. 지도상 위도가 대단히 높아서가 아니라 1930년대에 도시 전체가 불타버린 대화재 사건이 일어난 후 고층빌딩 밀집 지대가 들어서서다. 지형적으로도 호숫가여서 웬만한 미국 북부 지방 출신들도 시카고에서는 겨울에 밍크 모자 없이 외출을 삼가할 정도로 골목 안의 골바람이 매섭다. 나는 시카고 인근에 살면서 모자 없이 한겨울에 시내에 나갔다가 귀가 떨어질 것 같은 고통을 맛본 적이 있다. 그런 시카고 한파가 기승을 부리는 1월에 시카고 인근 스프링스턴 주 의회 광장에서 오바마가 민주당 대통령 후보 수락 연설을 하자 전국에서 지지자들이 몰려와 발 디딜 틈이 없을 정도였다. 오바마는 그들을 향해 이런 식으로 연설을 시작했다. 그의 연설은 열렬한 환호를 받아 록 스타처럼 중간 중간 연설을 멈추어야 할 정도의 박수를 받았다.

오바마는 정치인의 수사는 어렵고 딱딱해야 전문성을 드러낼 수 있다는 과거의 관행을 깨고 복잡하게 얽힌 세금, 실업, 경제, 낙태 등의 어려운 문제들을 동화만큼 쉬운 말로 바꾸어 유권자들을 단시간에 사로잡았다. 이날 그는 연설에서 다음과 같은 쉬운 말로 현 정부를 비판했다.

"제철소를 폐쇄하기로 한 것은 시카고 밖의 멀리 있는 본사 간부들이 내린 것이었습니다. 학교 교과서와 컴퓨터가 부족한 것은 수천 마일 떨어진 곳에 있는 정치가들이 정한 우선순위 때문입니다. 아이가 폭력을 저질렀다면 아이의 가슴에 정부도 결코 메워줄 수 없는 구멍이 뚫려 있기 때문입니다."

그의 이런 연설 스타일은, 한때 민주당 소속이었지만 2004년 대선에서 민주당 존 케리 후보를 반대하고 정적인 공화당의 조지 부시 후보를 지지하는 통렬한 연설로 화제를 모은 젤 밀러^{Zell Miller} 상원의원마저 자신의 저서 『부족한 품위^{A Deficit of Decency}』에서 오바마의 연설은 "내가 들어본 연설 중에서 가장 뛰어난 축에 든다."고 격찬하게 만들었다.

리더 급의 인사들을 만나보면 쓸데없이 영어 표현을 남발하거나 전문용어를 섞어 어렵게 말하는 사람들이 많다. 대화란 항상 상대적이어서 듣는 사람이 그런 식의 표현을 거북해 하면 그런 표현은 혼자 멋지다고 생각하는 나르시시즘에 불과하다. 멋지고 화려한 수사도 듣는 사람이 무시하면 공기 중에 흩어지는 먼지와 다를 바가 없다. 그러나 어려운 말을 유치하지만 쉽고 동화 같은 표현으로 바꾸기만 해도 당신이 전해야 할 메시지들은 공기 중에 흩어지지 않고 누군가의 귀를 뚫고 가슴으로 들어가 당신을 이해하고 당신의 뜻을 고귀하게 여기는 추종자가 되게 만들어준다.

리더인 당신이 공공 연설에 자신이 없는데 누구보다 연설을 잘하고 싶고, 당신이 지닌 능력만큼 말도 멋지게 잘하고 싶다면, 그동안 당신이 사용했던 언어가 구태의연하고 틀에 박힌 어려운 말은 아닌지 점검해볼 필요가 있다. 그런 다음 당신 기준으로 유치하다고 느껴질 정도로 말의 눈높이를 낮추어야 한다. 그렇게 하면 아마도 듣는 사람의 귀가 당신을 향해 활짝 열리는 것을 볼 수 있을 것이다.

쉽고 강력한 한 마디가 힘이 있다

경력은 이력서로 말하는 것이 아닙니다

사람들은 겉으로는 크게 성장하는 것 같지만 실제로는 유아에 머물고 싶어하는 마음을 평생 갖고 있다. 나이 든 사람도 배우자에게 어리광을 부리고 더 나이 들면 자식에게 어리광을 부릴 수 있어야 정신이 건강한 것도 그 때문이다. 따라서 많은 사람들에게 한꺼번에 자기 생각을 전해야 하는 사람은, 사람들마다 가진 색다른 특성에도 불구하고 자신의 말을 액면 그대로 알아들을 수 있게 쉬운 말로 해야 한다.

버락 오바마는 대통령 선거 전에 민주당 여러 후보와의 경선에 15개월을, 힐러리 클린턴과 둘로 압축된 경선에 5개월을 보냈다. 당내 경선에서도 너무 젊다는 것, 흑인도 백인도 아닌 흑백 혼혈이라는 것, 유년시절을 본토가 아닌 하와이와 인도네시아에서 보냈다는 것, 정통 기독교인이 아니라 여러 종교를 수용하는 것 등, 보통의 미국인들 기준으로 볼 때 그는 인종, 종교, 미국적 가치 등 모든 공격 요소를 갖춘 사람이어서 날카로운 공격을 당했다. 그런 그가 지방 상원의원 8년, 연방 상원의원 3년 반의 경력으로 민주당 대통령 후보로 선출되었으니 정적들로서는 얼마나 공격거리가 많았겠는가?

그 여러 가지 중에서 그의 짧은 연방 정치 경험은 같은 당의 힐러리 클린턴에서 시작돼 공화당의 집중 포화를 받았다. 관록 있는 상대 후보 존 매케인은 오바마를 자신의 적수가 될 수 없는 애송이라고 느꼈고, 이 느낌을 감추지 못해 대통령 후보 간 TV 토론에서조차 "That one."이라고 했다. 미국인들에게 'That one.'은 우리말로 치면 '이 작자가' 또는 '이 치가', '이 인간이' 정도로 얕잡아 보는 말이다.

그러나 오바마는 매케인의 그런 태도를 아주 쉬운 말로 막아냈다. "경력은 이력서로 말하는 것이 아닙니다." 그의 이 말은 쉽고 간단하지만 공화당의 의표를 정확히 찌르는 말이어서 언론마다 대서특필되었다. 공화당을 지지하던 보수 언론인 「월스트리트」까지 그의 이 말을 머리기사로 사용했다.

그는 또한, 부시 행정부의 뜨거운 감자인 이라크 전쟁 문제 역시 정말 쉬운 말로 공격했다. '그런 전쟁은 미국의 경제와 도덕성에만 타격을 준 소모전이었다.'라는 전문적인 말 대신에 "제가 모든 전쟁에 다 반대하는 것은 아닙니다. 저는 바보 같은 전쟁만 반대합니다."

라고 쉽게 말한 것이다. 그는 이 말로 미국이 국제 경찰이 되어야 한다는 보수파와, 전쟁은 절대로 안 된다는 진보파 모두의 반격을 잠재울 수 있었다.

리더에게는 반드시 관철시켜야 할 메시지가 많다. 그런 메시지가 중간에 표류하면 리더십이 무너지고 만다. 대부분의 리더들은 그 사실을 매우 잘 안다. 그래서 자신의 메시지가 표류할까봐 때로는 공격적이고 억압적인 언어를 구사한다. 그러나 그런 방식으로는 메시지의 표류를 부추길 뿐이다. 때로는 메시지만 표류하는 것이 아니라 기본 인간관계마저 망치게 된다.

말의 내용이 아무리 멋지고 좋아도 듣는 사람이 알아듣지 못하면 듣는 사람 마음 안에서는 스팸으로 처리되어 버린다. 듣는 사람의 가슴에서 스팸 처리 되어버리면 메시지는 먼지로 사라질 뿐이다. 리더는 상대방이 받아들이기 어려운 요구를 할 수 있도록 하거나 상대방이 꺼리는 일을 하도록 해야 리더십이 생기는데 그럴 수 없게 되기 때문이다. 까다롭거나 무리한 요구, 공박이나 반박의 말일수록 쉽게 말해야 왜곡 없이 그대로 전달된다.

당신이 기업의 임원인데 최고경영자가 갑자기 인원 감축을 요구할 때, 당신이 경영자인데 정부가 갑자기 세무조사를 하게 되었을 때, 당신이 사회 지도층인데 불미스러운 누명을 쓰고 언론에 노출될 위기에 처할 때, 당신이 정치가인데 정적의 공격으로 코너에 몰렸을 때는 더욱 쉬운 말로 누구나 알 수 있게 당신 생각을 표현해야 한다. 그래야만 나쁜 쪽으로 치닫는 여론을 잠재우고 위기를 극복할 수 있다.

2008년 10월 초, 삼성의 비자금 항소 재판을 마치고 나온 이건희 전 회장은, 몰려든 기자들이 "재판 결과에 만족하십니까?"라고 질문하자 "법은 잘 모릅니다."라고 쉽고 간단히 답변했다. 그의 답변은 그가 재판 후 어떤 행보를 보이게 될까 추측하던 기자들의 상상력 차단에 큰 효과를 가져왔다.

2007년 대통령 선거를 앞둔 대통령 후보 간 TV 토론에서도 당시 이명박 후보는 누구나 쉽게 알아들을 수 있는 747(경제 성장 7퍼센트, 국민 소득 4만 달러, 경제 순위 7위)라는 공약을 내세웠다. 그 당시에도 다소 무리한 목표로 보는 시각도 있었지만 말의 내용이 쉬워 유권자들의 귀를 쉽게 사로잡을 수 있었다. 반면에 경쟁자 정동영 후보는 "대통령이 투명해야 외국인 투자자들에게 신뢰를 주어 부자가 될 수 있다."는 다소 복잡하고 어려운 표현을 사용하여 전달에 실패했다.

당시 나는 주요 일간지의 TV토론 자문을 맡아 열심히 모니터해야 했다. 그래서 정동영 후보의 그 말을 기억할 수 있었다. 그러나 모니터링 후 불특정 다수의 시청자들을 대상으로 두 후보의 어떤 말이 기억에 남느냐고 질문하자 많은 유권자들이 놀랍게도 이명박 후보의 "747"과 정동영 후보의 "나는 저 (저 사람처럼 많은 비리에 이름이 거론되고 있는) 사람과 나란히 앉아 토론하는 것이 창피하다."는 말이 기억난다고 대답했다.

정치인만 쉽게 말해야 하는 것이 아니다. 자동차 제조 회사, 휴대

폰이나 첨단 기기 제조 회사, 건설 회사 등 대부분의 기업들도 최고 경영자의 메시지가 말단까지 왜곡되지 않고 제대로 전달되어야 직원들이 같은 비전과 목표를 향해 최선을 다할 수 있다. 모든 메시지를 동화처럼 한 번 들으면 잊혀지지 않도록 쉽게 말해야 비전과 목표를 공유할 수 있는 것이다.

사적 경험을 공유하라

나를 좋게 생각하나요?

리더들 중에는 어린시절, 공개하기 싫은 과거를 딛고 일어선 사람들이 상당히 많다. 하지만 가난 때문에 제때 진학을 하지 못해 가방끈이 짧다거나, 보잘것없는 부모 형제의 존재처럼 마음에 걸리는 것을 굳이 밝히기 꺼리곤 한다. 사람은 누구나 과거의 실수, 어리석은 판단, 치기어린 유치한 행동 등을 되짚어보는 것을 좋아하지 않는다. 새삼 그런 기억들을 떠벌려 어렵게 얻은 리더십을 훼손시키기 싫을 것이다. 그러나 밝히기 싫어도 밝혀야 하는 입장이라면 쉬운 말로 동화처럼 표현해보라. 우려했던 것보다 훨씬 그 문제가 가벼워질 것이다. 가령 정치인이거나 최고경영자거나 선출직 공무원에 입후보를 해야 하거나 고위 공직자 같은 경우 말이다. 이 경우에도 밝히기 싫은 일들을 쉬운 말로 가볍게 설명하면 흉잡힐 일이 훌륭한 동화로 변할 것이다.

미국은 대통령이 되려면 배 속을 거꾸로 뒤집어 툴툴 털어서 낱낱이 보여주어야 할 정도로 신랄한 검증 과정을 거친다. 부시 대통령이 후보 시절, 야구장에서 코를 후비며 야구 관전한 것이 가십에 오르내릴 정도이니 말이다. 그런 분위기에서 청소년기의 마약 복용 경력은 혜성처럼 등장한 오바마를 하루아침에 추락시킬 만한 큰 약점이 될 수 있었다. 그러나 그는 누구나 알아들을 수 있는 쉬운 말로 마치 동화를 읽어주듯 자신의 과거를 밝혀 더 이상 문제가 확대되는 것을 막았다.

버락 오바마는 청소년기의 마리화나 상습 복용에 대한 공화당과 보수 진영 언론의 공격이 심화되기 전에 교육이나 청소년 보호 등에 관한 연설 기회가 있을 때마다 18세 대학 초년생으로 돌아간 것처럼 쉽고 편안한 말로 동화처럼 아름다운 말로 자기 고백을 했다.

"그때 마리화나는 방황하는 내 마음을 진정시키는 데 도움이 되었고 술은 아마 여러분도 여유가 있으면 조금 할 것입니다. 그러나 맛은 없답니다. 나는 내가 얼마나 우울한 놈인지 증명하려고 마리화나를 한 것이 아닙니다. 그 황홀한 상태가 나는 누구인가를 마음속에서 밀어내는 데 도움이 되어서 피웠습니다."

청소년기에 마약의 유혹이 유난히 심한 미국에서 청소년기를 보낸 대부분의 미국인들에게 그의 이 말은 질책 대신 감동을 준 것이다. 케냐인 아버지와 보수적인 중서부 소도시인 캔자스 출신 어머니 사이에서 태어나 인도네시아인 새 아버지와 함께 인도네시아에서 5년간 살다가 하와이로 돌아와 외조부모와 살았던 그가 과격한 흑인 민권 운동가들이 많이 다니던 LA의 옥시덴탈 칼리지에 진학을 했으니 그의 특이한 이력을 아는 미국인이라면 그가 청소년기에 정체성 문제로 방황했다는 고백을 듣고 더 이상 시비할 수 없었을 것이다. 그러나 미국인들은 대체로 고지식해서 그가 일부러 자기 고백을 동화처럼 쉽고 아름다운 언어로 사전에 고백하지 않았다면 그를 마약이나 하는 방탕한 인간으로 매도하고도 남았을 것이다.

오바마는 청소년기의 마약 복용 문제를 오히려 대통령 후보로서 청소년 문제를 쉽게 설명하는 소재로 사용했다. 그는 청소년 마약 복용이나 형편없는 공립학교 지원 문제 등 미국적인 사회문제 해결책을 말할 때마다 복잡하고 현학적인 말을 빼고 "여러분 나를 좋게 보시나요? 기회만 주어졌다면 저일 수도 있었던 수많은 청소년들이 저쪽에 있습니다."라는 경험 위주의 쉬운 말로 문제의 핵심을 짚고 해결책을 내놓았다.

사람은 얼굴 생김새만큼이나 생각하는 바가 다르다. 생각하는 바는 말을 듣는 바탕이 된다. 그래서 사람마다 같은 말도 다르게 해석하는 법이다. 정부 발표안 하나에도 여당과 야당이 서로 다르게 해석하고 보수적인 그룹과 진보적인 그룹이 서로 반대로 해석하는 것이다. 기업 안에서도 최고경영자의 발표를 경영자의 처지에 서는 그룹과, 노조 처지에 서는 그룹이 반대로 해석하는 경우가 많을 것이다. 재계이건 정계이건 문화 예술계이건 리더는 같은 배를 탄 사람들이 모두 자신의 말을 왜곡하지 않고 있는 그대로 해석할 수 있게 말해야 리더십을 발휘할 수 있다. 그런데 식자들도 자기 분야가 아닌 한 어려운 말은 알아듣기 어렵다.

그래서 강의 잘하는 교수는 학벌이 뛰어나거나 학위가 대단한 교수가 아니라 학생들이 지루해하지 않고 쉽게 이해할 수 있도록 말한다. 교수 혼자만 알아들을 수 있는 어려운 강의는 교수의 실력이 뛰어나고 학력이 빛나도 학생들을 고통스럽게 할 뿐이다. 그런 결과에 대해 '나는 학생들에게 영합하지 않고 아카데믹한 강의를 하기 때문'이라고 자기합리화를 할 수도 있지만 지식이 누군가에게 이식되고 복제되지 않으면 교육으로서의 가치가 없지 않은가? 학생들이 들어서 제대로 이해할 수 있도록 강의를 해야만 교수의 학문과 식견이 복재되고 부활할 수 있는 것이다.

최고경영자의 너무 긴 조회사, 지루하고 복잡한 훈화, 현학적인 격려사, 어려운 말로만 짜인 축사, 주례사는 모두 죽은 말에 불과하다. 그런 말들은 듣는 사람을 고문할 뿐이다. 시간 낭비할 생각이 아니라면 그런 말들은 그만두는 것이 낫다.

교수가 귀에 쏙쏙 들어오는 강의로 제자들의 학습 능력을 극대화하고, 경영자가 더 많은 직원들과 비전을 공유하려면 무조건 쉽게 말해야 그가 가진 능력이 여러 사람들의 머리에 꽂히는 것이다. 유치한 우스갯소리를 많이 하라는 말이 아니라 어려운 메시지를 쉽게 풀어서 말하라는 것이다.

리더들은 어려운 언어 사용이 몸에 배 있을 수 있다. 자신은 쉽게 말한다고 생각해도 듣는 사람에게는 어렵게 느껴질 수 있다. 어렵게 말하는 습관이 굳어지면 쉽게 말하기가 더 어려울 수 있다. 그러나 그럴 의지만 있다면 대단히 어려운 일은 아니다. 어떤 어려운 문제도 경험담 중심으로 말하려고 노력하면 된다.

사람의 경험은 비슷비슷한 데가 많다. 그래서 다른 사람의 경험담을 말하면 "어, 나도 그런 일을 겪었는데?" 하며 공감하게 된다.

내가 직접 들었던 최고의 연설 중에는 힐러리 클린턴이 미시간 주립대에서 한 연설이다. 그녀는 미시간 수도 랜싱(인구 5만의 작은 도시)에 있는 미시간 주립대학에 와서 당시 민주당 대통령 후보였던 남편 빌 클린턴을 지지해 달라는 연설을 했는데 자신이 연설 전날 랜싱의 한 식당에 갔던 경험을 말해 기립 박수를 받았다. 전통적인 공화당 지역인 그곳에서 민주당 대통령 후보 부인이었던 그녀가 연설에서 기립 박수를 받은 비결은 "어제 에플 비 로드에 장작으로 피자를 굽는 나폴리 피자집에 갔는데, 그 유명한 엉클 샘이 미시간 날씨는 미쳤다고 하더군요."라는 말이었다. 알고 보면 쉽게 말하는 것은 메시지를 나르는 도구로 경험을 사용하는 것이다.

+ 2장

약 올라도 담담하게
이성적으로 말한다

감정을 조절해야
리더답게 말할 수 있다

예수 그리스도는 오바마에게 표를 주지 않을 것이다

우리는 지금 경쟁이라는 살얼음판을 딛고 산다. 항상 얼음판이 깨져 익사하지 않도록 조심 또 조심해야 한다. 그 중에서도 입을 조심해야 한다. 왜냐하면 경쟁자들은 상대방의 약을 올려 말실수를 유도하는 것이 함정에 빠트리는 가장 쉬운 방법이라는 것을 알기 때문이다. 기업가에게는 언론, 사회단체, 이익단체, 노조, 고객, 주주, 공무원, 정부 등이, 정치가는 유권자, 언론, 이익단체, 각종 사회단체 등이 작은 문제만 생겨도 약을 올려 말실수를 유도하는 그룹일 것이다. 그런 사람들은 때로는 눈 말똥말똥 뜨고 언제 무엇으로 격분시킬까를 연구하는 것처럼 보이기까지 한다. 그런 올가미를 피하려면 아무리 약을 올려도 발끈하지 말아야 한다. 경쟁자들의 계산대로 발끈해서 말실수를 하면 경쟁의 살얼음판이 단번에 갈라져 익사할지도 모른다. 요즘처럼 영상 자료가 전 세계를 떠돌며 평판을 좌우하는 시대에는 더욱 그렇다.

2007년 12월 말, 프랑스의 사르코지 대통령은 모델 겸 가수였던 카를라 브루니와 재혼했다. 그리고 2008년 3월 아내를 동반하고 루브르 박물관 로비에서 패션 런웨이를 준비하는 곳을 방문했다. 행사는 미국에서 건너온 뉴욕 패션 디자이너들이 주관했다. 미국 뉴욕 패션계에는 남의 나라 대통령에 전혀 관심이 없는 일 중독자들이 많다. 그 행사 책임자도 그런 사람이었던 모양이다. 런웨이 준비로 한창 분주하게 오가는데 한가롭게 그곳을 어슬렁거리는 사르코지가 여간 성가신 것이 아니었던 모양이다. 그는 사르코지 대통령이 몇 번 앞길을 방해하자 냅다 "Get the fuck out of here!"이라고 소리치며 신경질을 부렸다. 한순간에 당한 사르코지 대통령은 격분을 못 참고 더 큰 목소리로 같은 욕을 했다. 그런데 누군가가 욕하는 사르코지 대통령을 영상으로 채집해 유튜브에 올렸다. 그 장면은 전 세계 2억 명 이상의 사람들이 클릭했다. 사르코지 대통령으로서는 억울하겠지만 호기심 많은 일반인들은 리더가 발끈하는 모습에 카타르시스를 느꼈던 것이다. 이 사건은 하나의 해프닝으로 끝났지만 프랑스 언론은 대통령의 품위 문제를 짚고 나섰으며, 프랑스의 지성인들은 그가 국가 망신을 시켰다고 개탄하는 등 프랑스는 벌집이 따로 없었다. 그가 현직이었으니 망정이니 후보자였다면 치명타를 입었을 것이다.

젊은 세대는 툭하면 휴대폰이나 소형 카메라로 재미있는 장면을 영상으로 채집해서 전 세계 사람들이 볼 수 있는 유튜브나 우리나라 사람들만 볼 수 있는 UCC에 올려 공개 망신을 시킨다. 알려진 사람일수록 바짝 약이 올라도 발끈하는 모습을 숨겨야 안전한 시대인 것이다. 억울하더라도 감정을 자제하고 논리적으로 조근조근 시시비비를 가릴 줄 알아야 돌발 망신을 예방할 수 있다.

그런 면에서 버락 오바마는 거의 천재적이다. 인종, 정체성, 청소년기의 일탈 등 정적들이 표적 삼을 만한 것들이 너무 많아 대통령 선거 기간 내내 그를 약 올리는 사람이 정말 많았다. 그러나 한 번도 걸려 넘어지지 않았고, 결국 그것이 그의 성공 비결이었다. 다른 정치가들에 비해 나이가 많이 어리고 정치 경력도 짧아 정적들은 어떻게 해서든지 그를 격분하게 만들려고 약올렸다. 그러나 누가 어떤 약을 올려도 발끈하지 않고 차분하게 대응해 오히려 그런 일을 겪을 때마다 인기가 치솟았다.

2004년 그는 지방 의원 신분으로 민주당 전당 대회에서 연설할 기회를 얻었다. 그리고 2년 후인 2006년 민주당 연방 상원의원 후보가 되었다. 공화당 측은 민주당 전당 대회 연설로 갑자기 스타가 된 오바마의 인기 몰이를 견제하려고 극단적인 종파주의자인 앨런 키스 후보를 맞붙였다. 앨런 키스는 일리노이가 아닌 워싱턴 인근의 매릴랜드 출신이었지만 성서에 어긋나는 것은 조금도 용서하지 않는 천주교인이어서 다른 미국인들에 비해 종교 색채가 약한 오바마의 저격수로 발탁되었다.

　미국은 기독교 정신을 건국이념으로 삼고 있는 나라다. 전 인구의 90퍼센트 이상이 종교를 믿으며 34퍼센트가 자신을 독실한 기독교인이라고 밝히고 있다. 건국 초기에는 기독교인들이 주도권을 쥐고 국가 시스템을 만들었다. 자연스럽게 가장 오래된 기득권층 그룹인 상원들은 대부분 앨런 키스와 비슷한 기독교인들이 많다고 볼 수 있다.

　그에 비해 오바마는 청소년기까지는 종교가 없었다. 아버지는 케냐 사람으로 회교도였지만 나중에 종교를 버렸고, 또 오바마가 너무 어린 나이였을 때 헤어져 아버지에 대한 기억은 아예 없다. 어머니는 전형적인 미국인이었지만 진보성향이 강해 기독교적 가치는 존중했지만 교회를 열심히 다니지는 않았다. 대학 졸업 후 시카고 인근으로 직장을 따라 거주지를 옮긴 오바마는 스스로 정체성을 찾는 과정에서 시카고 인근 트리니티 유나이티드 교회에 다니기 시작했다. 이 교회 목사는 진보적인 흑인으로, 기독교만을 유일한 종교라고 주장하는 부시가 믿는 보수적인 기독교와 성격이 많이 달랐다. 이 교회의 제레미아 라이트 목사는 정체성을 찾아 방황하는 청년 오바마에게 희망과 용기를 주었다. 나중에는 극단적 인종주의자의 발언을 해 오바마를 곤욕스럽게 만들기는 했지만, 하여간 오바마는 기독교만이 유일한 종교라고 믿는 보수적인 백인 기독교인들의 신앙심 기준으로 보면 올바른 기독교인으로 볼 수 없는 측면이 있었다. 공화당은 이 점을 노려 기독교인 유권자가 많은 지역에서 기독교인 유권자들을 자극해 그를 굴러 떨어지게 하려고 매우 종교적이고 하버드대학을 나왔으며 진보적 성향을 가진 흑인 앨런 키스를 그의 라이벌로 내세워 그를 여러 가지로 약 올리는 작전을 편 것이다. 만약 오바마가 발끈해서 여기에 걸려들었다면 대통령은커녕 연방 상원의원도 되지 못했을 것이다.

앨런 키스는 선거 초반부터 기독교인 유권자들의 관심을 끌려고 "예수 그리스도는 오바마에게 표를 주지 않을 것입니다. 오바마는 기독교인이라면서 성서적 가치를 파괴하는 일을 옹호하기 때문입니다."라고 무차별적인 공격을 했다. 공화당은 앨런 키스가 당선될 것을 기대한 것이 아니라 오바마를 약 올려 그 때문에 발끈하면 민주당 전당대회 연설로 얻은 인기를 흩어버릴 수 있다고 계산했던 것이다. 물론 오바마도 그런 공격에 화가 안 난 것은 아니었다고 한다. 그는 자서전에서 "그 사람처럼 부아가 치밀게 한 사람은 없었다."고 고백했다. 그러나 상대편이 아무리 약을 올려도 종교 문제로 발끈하는 것은 무덤을 파는 짓이라고 판단했다고 한다. 그래서 오바마는 "그가 쏟아놓은 말의 내용들이 못마땅하긴 해도 그의 주장 중 일부를 지지하는 사람들이 기독교계에 상당히 많다는 것을 인정해야 했다."라며 그가 인내심을 갖고 참은 이유를 자서전에 털어놓았다. 그는 "앨런 키스는 유권자들에게 내가 낙태합법화를 찬성한다는 사실이 비도덕적이라고 부각시키려고 '오바마는 자신이 기독교인이라고 말한다. 그러나 그는 성경에서 혐오스럽다고 밝힌 생활 방식을 지지한다.' 라고 말할 때 성경을 글자 그대로 엄밀하게 해석하는 것은 어리석은 짓이라고 반박할 수는 없지 않은가?'라고 반문했다.

성인군자가 아닌 이상 이런 식의 인신공격을 참고 담담한 모습을 보여주기는 어렵다. 그러나 평범한 사람과 리더의 차이는 이런 일로 욱하느냐 담담하게 대응하느냐의 차이가 아닌가 싶다.

지도자의 감정적인 말은 하나의 해프닝으로만 끝나지 않는다. 재경부 장관이나 한국은행장의 욱하는 말 한 마디는 환율과 물가, 증권가 등을 요동치게 해서 국가 경제를 마비시킬 수 있다. 교육부 장관의 욱하는 말 한 마디는 교육 제도를 뒤틀리게 해 국민들의 앞길을 망칠 수 있다. 경영자의 욱하는 말 한 마디는 기업의 위상을 바꿀 만큼 파괴적일 수 있다. 당연히 대통령의 욱하는 말 한 마디는 더 말할 필요도 없이 국민 전체를 고통으로 몰고 갈 수 있다.

이처럼 막강한 말의 위력을 가진 지위에 있는 사람들은 대부분 약이 오르면 후유증을 고려하지 않고 발끈해서 한 말로 설화를 입는다. 오바마가 선거 막바지에 공화당 지지 우세 지역까지 지지 폭을 확대할 수 있었던 비결은 미국인들이 대통령이 사소한 일에 흔들려 발끈하면 정치, 경제적 파장 효과가 국민들에게 미친다는 사실을 알았기 때문일 것이다. 리더가 기억해야 할 것은, 따르는 사람들은 자신의 리더가 어떤 어려움에도 굳건한 바위처럼 기댈 만한 의연함을 보여주는 사람이기를 원한다는 것이다.

이미지 훼손보다 더 무서운 것이 발끈하는 말실수다

로버트 케네디는 6월에 암살당했다

직위가 높아질수록 명예, 돈, 미래 등이 모두 걸린 전쟁을 치르며 산다. 지면 모든 것을 내려놓고 처음부터 다시 시작해야 하며 때로는 아예 일어서지 못할 치명타를 입기도 한다. 그래서 경쟁이 치열해지면 덕망 있는 리더도 신경이 날카로워져 막말로 말실수를 하는 것이다.

TV에서는 날선 막말이 오가는 정치판의 모습만 보여주지만, 그런 식으로 공개되지 않을 뿐 기업, 스포츠, 연예, 오락, 그 밖의 조직 안에서도 동종 간, 유사 업종 간, 경쟁사 간은 물론 개인 간에도 그런 설전은 끊임없이 일어난다. 직위가 높을수록, 지위를 노리는 사람들이 많아 약 오르는 말을 더 많이 들어야 한다. 그럴 때 못 참고 발끈해서 막말을 하면 말의 의미가 왜곡되고 부풀어 다시는 일어서지 못할 치명타가 될 수 있다.

리더가 막말을 하면 따르는 사람들은 리더가 얼마나 약이 올랐으면 그런 말을 했을까 하고 리더의 처지를 고려하지 않는다. 리더가 얼마나 심한 말을 했는가만을 기억한다. 누구든지 그 정도 약이 오르면 막말로 치받을 수밖에 없는 상황일지라도 아랑곳하지 않는다.

약이 오르면 TV 카메라 앞에서도 고함을 지르고, 문서를 내던지고, 자기 명패까지 내던지며 막말을 해 여론을 출렁이게 하는 정치인들은 그런 이미지 때문에 치명타를 입기도 한다. 그러나 TV 카메라가 비추지 않아서 그렇지 기업 안에서도 그런 일은 많이 벌어진다. 부하 직원이 말귀를 못 알아들었다며 얼굴에 문서를 던지고, 고함을 지르고, 삿대질 하는 상사들이 여전히 많다고 들었다. 직위가 높을수록 원인이나 과정보다 결과가 중요할 때가 많다. 화낼 원인이 충분해도 그런 식으로 막말을 하면 따르는 사람들은 막말만 기억할 수 있다. 상사가 발끈해서 막말을 하면 부하 직원은 그 말에 상상력을 보태 말의 내용보다 더 큰 상처를 입는다. 그 상처는 열정을 다해 일할 의욕을 꺾는다. 그렇게 사기가 떨어진 사람은 리더의 리더십을 무너뜨릴 수 있다.

아직 혈기가 왕성한 40대 중반의 버락 오바마, 수많은 사람들이 그의 록 스타 같은 인기를 차단하려고 온갖 방법으로 약을 올렸다. 대통령 선거까지 오는 동안 가장 힘든 상대였던 힐러리 클린턴처럼 같은 당원도 원색적으로 약을 올렸다. 그러나 그는 아랑곳하지 않고 차분하게 대응했다.

미국의 민주당 후보 최종 경선은 5개월간 지속되었다. 공화당은 민주당 당내 경선이 길어지면서 당이 분열되는 조짐을 보이자 회심의 미소를 지었다. 그래서 민주당 경선이 끝나자 같은 당 소속의 힐러리 캠프가 오바마를 흠집 내려고 사용했던 언어들을 그대로 차용해 오바마를 궁지로 몰았다. 힐러리가 오바마의 약을 올린 말들은 "너무 순진하고 경륜이 부족하다."는 것이었다. 공화당은 힐러리의 이 말들을 그대로 인용해 오바마를 압박했다. 공화당 대선 예비후보이기도 했던 전 뉴욕시장 루돌프 줄리아니는 기자들과 만난 자리에서 "우리는 '무책임한', '순진한' 등의 단어가 공화당이 아닌 힐러리의 입에서 오바마를 향해 쏟아져 나온 것을 기억하고 있다."고 말하기도 했다. 그러나 오바마는 끄떡도 하지 않고 일관되게 자기만이 미국의 경제난을 해결하고 분열된 미국을 하나 되게 할 수 있다는 주장만 했다.

대개 정치판에서는 선거에서 열세에 놓인 쪽에서 먼저 흑색선전을 한다. 열세에 놓이면 초조해져 수단과 방법을 가리지 않아야 한다는 생각이 들기 때문이다. 힐러리 클린턴은 오바마와의 경선에서 밀리던 2008년 5월, 한 언론과의 인터뷰에서 "1968년 로버트 케네디 후보가 암살당한 것이 6월이었다."는 발언을 했다. 미국인들에게 '오바마'란 이름은 오사마 빈 라덴을 연상하게 한다. 발음이 비슷한 그의 이름과 '암살'이란 단어를 결합하면 엄청난 파괴력이 생긴다. 사실 그때까지만 해도 미국인들은 터놓고 말하지는 않았지만 최초의 흑인 대통령 후보인 그에게 극단적 인종주의자나 정신이상자가 암살을 기도할 수 있다는 우려를 하고 있었다. 이를 우려한 대통령 경호 담당 재무부 소속 비밀경호국은 2007년 5월부터 버락 오바마 상원의원에게 특별 경호를 제공하기까지 했다.

상황이 상황이니 만큼 '로버트 케네디의 후보 암살' 발언은 파장이 컸다. 힐러리 클린턴은 5월 23일 사우스다코타 지역 언론과의 인터뷰에서 경선 완주 의지를 밝히며 "내 남편(빌 클린턴 전 대통령)도 1992년 6월 캘리포니아 주 프라이머리에서 이길 때까지 경선을 중단하지 않았다. 우리는 (1968년 경선에 나섰던) 로버트 케네디 전 상원의원도 6월 캘리포니아에서 암살당한 것을 기억하고 있다."고 말했다.

얼핏 들으면 자신이 막판까지 경선을 포기하지 말아야 할 이유를 말한 것으로 들리지만 일부 언론은 '암살'이란 단어를 강조하며 그녀의 의도를 여러 각도로 짚었다. 일부 언론은 힐러리 의원이 은연중 '선두 후보 유고시'의 '예비 후보론'을 암시하려 한 것 아니냐며 직설적으로 의구심까지 제기했다.

그도 그럴 것이 힐러리 클린턴은 경선에서 패색이 짙어지자 막판 뒤집기의 마지막 교두보가 될 수 있는 펜실베이니아 주 예비 선거를 앞두고 테러리스트 오사마 빈 라덴의 이미지를 동원한 '위기 상황 광고'를 대대적으로 내보냈다. 거기다가 이란을 상대로 "전멸시키겠다."는 공격적인 발언으로 위기상황과 안보를 유세에 활용했다. 언론들이 분석한 힐러리의 속내가 전혀 근거 없는 것으로 비쳐지지는 않았다.

힐러리 클린턴 의원은 그 발언의 파문이 자기 쪽에 불리하게 부메랑이 되어 돌아오자 "온 나라와 특히 케네디 가문에게 충격을 안겨준 일에 대한 내 발언이 여러분들에게 불쾌감을 줬다면 유감"이라며 사과했다. 그러나 오바마는 일체 발끈하지 않고 침묵했다. 한 달 후 그녀가 완전히 패배를 인정하고 자신을 지지하자 "나나 힐러리 의원처럼 몇 개월 동안 선거운동을 하다 보면 누구나 부주의하게 될 때가 있다. 이번 일도 그런 차원이라고 생각한다."고 말해 사람들이 힐러리의 공격적인 말을 머리에서 지우도록 했다.

높은 자리에 올라갈수록 약이 올라도 발끈하지 말고 기다렸다가 포용의 언어로 감싸야 한다는 것을 알게 해주는 언행이 아닐 수 없었다.

측근까지 입단속을 해야
공격의 빌미를 줄인다

갓 뎀 아메리카

성공하고 나면 자기 입만 단속하는 것으로는 안심할 수 없다. 측근의 입도 단속해야 한다. 측근의 말실수도 리더의 책임이다. 측근들은 대개 리더가 차마 못할 말을 대신해야 한다고 믿는다. 자기 딴에는 리더를 도우려고 한 말이 리더를 곤경에 빠트리기 쉽다. 측근의 충성심이 지나치면 누군가가 조금만 약을 올려도 장본인보다 더 발끈할 수 있다. 기업에서는 최고경영자의 최측근이 보스를 지나치게 감싸다가 다른 사람들의 비위를 건드리는 경우가 많다. 정치인은 후원자, 지지자, 조력자 등의 말실수로 곤욕을 치르기도 한다. 정치, 경제, 예술, 문화, 교육 등 거의 모든 분야에서 리더는 측근의 입 때문에 다치는 일이 많다. 리더는 측근의 입단속을 잘해야 하며 불가능하

면 자기 팔을 자르는 심정이더라도 결별하는 것이 낫다. 이때의 결별
은 측근이 섭섭해 하지 않도록 정말로 말을 조심해서 한 다음 결별을
실행해야 한다.

버락 오바마는 측근의 돌출 발언으로 여러 번의 위기를 맞았다.
가장 큰 위기는 정신적 스승인 시카고 트리니티 교회의 제레미아 라
이트 목사가 가져왔다. 라이트 목사는 2008년 3월 교회에서 설교하
며 미국인들은 흑인들을 여전히 차별하고 조금만 권리를 나눠 달라
고 하면 감옥에 처넣으면서 "'신의 은총을(God Bless You)' 이라고 말
하라고 한다."며 "'신의 은총'을은커녕 '빌어먹을 미국(God Damn
America)'."이라고 말했다. 라이트 목사는 극단적인 기독교인들이 하
는 일과 부시 정부가 흑인들을 푸대접하는 것을 빗대 그런 식으로 말
했지만, 인종 문제에 민감한 미국인들을 향해 인종을 비롯한 모든 것
의 통합을 부르짖는 오바마의 이미지에 찬물을 끼얹는 말이 되고 말
았다. 제레미아 라이트 목사는 방황하던 청년 오바마에게 담대한 희
망을 갖게 해준 아버지 같은 존재다. 라이트 목사의 발언은 가뜩이나
인종 문제 화약고를 안고 있는 오바마를 곤경에 빠트렸다. 그러나 섣
불리 반응을 보일 수도 없었다. 그런데 엎친 데 덮친 격으로 같은 교
회에서 초청 강의를 하던 플레거 신부가 한술 더 뜬 발언을 하고 말
았다. 플레거 신부는 오바마의 열렬한 지지자이기도 했다.

플레거 신부는 설교 중에 "(대통령 자리는) 내 것이다. 나는 빌(클린
턴 전 대통령)의 아내이고 백인."이라며 힐러리를 흉내 내며 조롱했

다. 힐러리 후보가 뉴햄프셔 경선 직전 눈물을 흘려 간신히 오바마를 이겼던 것을 빗대 "자신이 민주당 대선후보 적임자인데 흑인이 인기를 가로챘다고 생각했기 때문"이라며 이런 식으로 비난한 것이다. 그 당시 오바마와의 당내 경선에서 열세를 면치 못하던 힐러리는 연일 오바마를 경륜 없는 애송이라고 몰아붙였다. 그런데도 오바마가 별 반응을 보이지 않자 답답해진 플레거 신부는 대놓고 힐러리를 비난한 것이다. 그러나 이 발언으로 오바마만 큰 곤경에 처했다. 힐러리 측은 '분열적이고 증오에 찬 언어는 민주당을 단합하려는 우리의 노력과 정면으로 배치되는 것'이라며 그런 신부를 비난하지 않는 오바마까지 싸잡아 비난했다.

오바마는 최측근 두 성직자들의 발언 파문이 커지자 "미국 전역을 돌며 나는 우리를 분열시키는 것이 아닌 단결시키는 것들을 보며 감동을 받아왔다."고 말하면서 "플레거 신부의 발언은 분열적이고 과거지향적인 수사법으로 깊은 유감을 표시한다."는 사과 성명을 발표했다. 그리고 청소년기의 정신적 고향인 교회에도 교적 탈퇴서를 제출했다. 그는 교적 탈퇴서를 제출한 다음 날, "가볍지 않은 비통한 마음으로 결정을 내렸다."며 "이번 결정으로 교회가 (자신으로 인한) 세간의 관심에서 벗어나게 되기를 희망한다."는 짤막한 말을 남겼다.

버락 오바마는 흑인과 백인의 혼혈이다. 흑인들에게는 온전한 흑인이 아니어서 백인 편이라는 원망을 듣고, 백인들에게는 흑인이라는 차별을 받았다. 그래서 대통령 선거 중 그를 지지한다던 극단적인 흑인 옹호주의자인 제시 잭슨 목사는 그런 일로 또 한 번 큰 말실수를 해 여론을 시끄럽게 했다.

　제시 잭슨 목사는 미국인들이 가장 존경하는 마틴 루터 킹 목사의 후계자 이미지를 가졌다. 1984년, 1988년 민주당 대선 후보 경선에도 출마했다. 그런 그가 2008년 6월 6일, 폭스 뉴스 기자와 인터뷰를 했다. 인터뷰를 마친 후 그는 스튜디오에서 다른 출연자와 개인적인 대화를 나누었다. 그는 "오바마가 흑인들을 무시한다. 그의 성기를 잘라버리고 싶다(I want to cut his nuts off)."라고 막말을 했다. 오바마가 실업률이나 재소자 문제, 주택 장기 융자 문제 등 흑인 사회가 직면한 현실 문제는 제쳐두고 도덕성만 강조하면서 은근히 흑인들을 무시했다며 이런 말을 한 것이다. 불행히도 방송 마이크가 꺼지지 않아 이 말이 고스란히 녹음되고 말았다. 잭슨 목사는 폭스 뉴스가 이 녹음 내용을 6월 9일에 방송하겠다고 하자 부랴부랴 사과하며 수습에 나섰다. 잭슨 목사는 오바마를 향해 "상처를 입혔다면 미안하다."며 사과했다. 오바마 캠프의 빌 버튼 대변인은 "오바마 의원은 잭슨 목사의 사과를 당연히 받아들일 것."이라고 짤막하게 말하고 급히 일단락 지었다.

　오바마 측근들의 말실수가 잦아지자 민주당 안에서는 대선 후보로 버락 오바마 상원의원을 확정한 일을 두고 "오바마는 괜찮아 보이는데 측근이 못 미덥다."고 불평하는 사람들이 하나둘 생겼다. 그러나 오바마가 측근들의 말실수에도 발끈하거나 흥분하지 않고 담담하게 처리해 큰 고비들을 잘 넘겼다.

그 후로도 오바마는 측근의 말실수로 큰 곤경에 처한다. 외교안보 경륜을 갖춘데다 달변가이기도 한 바이든 민주당 부통령 후보가 선거를 2주 앞둔 10월 20일, 말실수를 한 것이다. 조셉 바이든은 이날 시애틀에서 열린 선거자금 모금 파티에서 "오바마 정권 출범 후 6개월 내 국제적 위기를 맞을 것."이라고 말하고 말았다. 위기 속에서 오바마의 용기를 시험해볼 수 있는 기회를 맞을 것이라는 의도로 했다지만 오바마가 집권하면 위기가 올 수 있다고 해석할 소지가 있었다. 저격수 노릇을 하던 공화당의 세라 페일린 부통령 후보가 이를 물고 늘어졌다. 그녀는 "바이든 후보는 오바마가 집권하면 6개월 안에 국제적 위기를 맞을 것이라고 장담했습니다."라고 말했다. 이 문제도 오바마가 대응을 잘해 위기를 무사히 넘겼다. 그는 즉각 "나는 바이든 발언의 핵심은 차기에 누가 집권하든 시험에 들 것이라는 의미라고 생각합니다."라고 해명한 것이다.

직위가 높을수록 자기 입을 단속하는 것은 물론 측근의 입도 단속해야 하며 그렇지 못할 경우에는 절대 흥분해서 가벼운 말을 하지 않도록 조용히 감싸주어야 한다. 그것으로도 도저히 해결이 안 되면 후유증 없이 결별해야 한다.

+ 3장

어떤 상황도
희망의 메시지로 만든다

가장 큰 위기에서도
배울 점이 있다고 말한다

태풍 카트리나는 훌륭한 선생님입니다

리더의 말 한 마디는 따르는 사람의 가슴에 희망이 되거나 절망이 된다. 분노가 되거나 행복이 되기도 한다. 그래서 성공한 리더는 절망의 순간에도 희망을 말한다. 분노의 순간에도 위로를 말한다. '안 된다'고 말하는 대신 '이 정도쯤이야'라고 말하고, '불가능하다'고 말하는 대신 '그 까짓 거 한번 해보겠다'고 말한다. 리더가 던진 희망의 말은 절망에 빠진 사람의 가슴을 희망으로 채운다. 무기력해진 사람의 마음에 열정을 부른다. 희망과 열정은 불가능한 일을 가능하게 한다. 고난과 아픔, 걱정을 뛰어넘는 위대한 힘이 된다. 그러니 성공하려면 어떤 절망적인 상황에서도 희망의 메시지를 말할 줄 알아야 하는 것이다.

버락 오바마는 더 이상 내려갈 수 없는 절망적인 상황도 희망의 메시지로 만드는 데 귀재다. 그의 희망 메시지를 들으려고 수많은 미국인들이 그의 자서전 『담대한 희망』 오디오 북을 사들여 낭송 음반 부분 그래미상을 수상하기도 했다. 당신도 성공하고 싶다면 절망을 희망의 언어로, 분노를 격려의 언어로 바꾸는 능력을 갖추어야 한다. 당신 눈에 절망이 먼저 보이고 문제점이 먼저 드러나 따르는 이들에게 절망의 메시지를 여과 없이 그냥 전하고 있다면 오바마의 말들을 참고해 고치면 된다. 리더인 당신이 한 절망의 말들이 따르는 이들의 사기를 떨어뜨리고 열정이 꺼지게 할지도 모르니 가급적 빨리 고치는 것이 좋다. 우물쭈물하다가 열정이 아예 다 사라지면 당신을 따르는 사람들의 열정과 희망이 완전히 말라버릴지도 모른다. 그러기 전에 이들에게 희망을 말해보라. 격려를 말해보라. 자신 없으면 버락 오바마의 방법을 벤치마킹해보라.

오바마는 민주당 전당대회 연설 이후 탁월한 연설 능력을 인정받아 수없이 많은 연설 요청을 받았다. 미국 남부 지방 뉴올리언스가 태풍 카트리나로 초토화된 지 딱 1년 후인 2006년 8월, 흑인청년들을 위해 흑인 사회 운동가가 세운 제비어대학이 거의 기적적으로 태풍 피해를 극복하고 졸업식을 하며 그에게 축하 연설을 부탁했다.

미국의 뉴올리언스는 미국 속의 아프리카였다. 허름한 주택, 날림의 수도, 전기, 하수 인프라, 300킬로미터가 넘는 대운하 댐 등, 카트리나의 위력보다 미국이라고 하기 어려운 후진국형 도시가 정부의 보살핌 없이 방치돼 더 큰 화를 부른 것으로 드러났다. 나는 10년 전 뉴올리언스를 방문했을 때 미국에도 이런 곳이 있다는 데 놀랐다. 우리나라 달동네를 무색하게 하는 동네가 너무나 많았다. 그들이 자랑하는 프렌치 코트는 늙은 흑인들이 재즈 바를 열어 향수를 자극하는 문화적인 곳이었지만 낡기는 마찬가지였다. 게다가 그 밖의 마을은 도저히 세계에서 제일 부자 나라인 미국 안에 있을 곳이라고 상상하기 어려운 지경이었다. 그런 만큼 카트리나 태풍으로 그 모습을 적나라하게 드러낸 뉴올리언스의 폐허는 미국인들의 자존심을 짓밟은 일일 수밖에 없었다.

카트리나의 피해는 막심한 정도가 아니라 처참했다. 도시의 지면이 수면보다 낮은 뉴올리언스는 강한 태풍이 불어오자 인공으로 만든 제방 이곳저곳이 무너지면서 도시의 80퍼센트가 물에 잠겼고, 저지대에선 2층 건물의 옥상만 보일 정도로 물이 엄청나게 들어찼다.

고립된 사람들은 속수무책으로 주정부나 연방정부의 지원을 기다려야 했고 도시를 잠기게 한 물에서 발생한 수인성전염병과 배고픔, 목마름, 허리케인 이후 들이닥친 혹독한 더위 앞에서 노인과 아이들, 병자들이 푹푹 쓰러졌다. 연방정부의 재해대책기관인 FEMA와 시장과 주지사가 TV를 통해 도움을 호소했지만, 응답하는 손길은 턱없이 부족했다. 재즈와 블루스, 케이준의 도시 뉴올리언스의 시내가 모두 물에 잠긴 모습이 CNN 화면에 비치자 미국인들은 모두 경악을 금치 못했다.

미국인들이 경멸의 눈으로 곁눈질하며 보던 제3세계가 바로 그 곳이었던 것이다. 그들이 경멸하던 야비한 폭동과 혼란이 자신들의 본토 안에서, 그것도 문화적이라며 자랑하던 대도시 뉴올리언스에서 일어나고 있었던 것이다.

더위와 질병과 굶주림에 지친 사람들은 화장실이나 샤워실, 냉방 시설은 물론 그늘도 없는 남부의 한여름 뙤약볕 아래에서 인간으로 대접받는 것조차 포기한 채 가축처럼 내동댕이쳐진 모습, 대형, 소형 할 것 없이 식료품점의 음식은 모두 도난당했고, 경찰들마저도 버젓이 남의 물건을 집어가는 장면이 TV 방송에 비쳐지자 미국인들은 재난 대책 세우기에 우물쭈물 늑장 부린 부시 행정부를 그 어느 때보다 크게 질타했다.

그토록 참혹한 재난을 거의 불가능에 가까운 기간인 1년 만에 극복하고 졸업식을 하게 된 재비어 대학교에서 오바마는 졸업생들을 향해 태풍 카트리나가 누구보다 훌륭한 선생님이라는 축사를 했다.

"지난 달 저는 뉴올리언스에서 허리케인 피해 가정과 텅 빈 거리, 흩어진 잔해들 사이를 오가며 하나의 도시를 전쟁 후의 폐허로 만들 수 있는 것은 군대만이 아님을 알았습니다. 이 모든 상황에 대해 생각하는 동안 앞으로의 삶에서 만나게 될 과제와 장해물에 대해 조언하는 일이라면 어려움을 극복하는 데 무엇이 가장 필요한지 우리에게 가르쳐 줄 수 있는 바로 여러분이라는 사실을 알았습니다."

"여러분이 직접 겪은 일은 단순히 시험이나 여러분이 곧 받게 될 학위증만으로는 절대로 측정할 수 없는 진짜 교육이었습니다. 그 일은 자연의 힘이 인류에게 준 교육이었으며 진정한 선을 베풀 수 있는 우리의 능력, 인간의 불완전성, 큰 시련에 맞서 일어설 능력, 가끔은 서로에게 져야 할 의무에 미치지 못하는 우리 인간에 대한 교훈이기도 했습니다."

"카트리나는 여러분이 평생 마주한 것 중 가장 극적인 시험이겠지만 결코 최후의 시험은 아닙니다. 카트리나는 앞으로 여러분에게 닥칠 또 다른 시험에도 강인한 힘을 갖게 해줄 훌륭한 선생님입니다."

그는 재비어 대학 졸업생들에게 "고난을 이기느라 힘들었겠다. 위로한다."는 말 대신 그 고난이 약이 될 거라는 희망의 메지시를 말했다. 그의 축사는 학생들의 감동어린 눈물과 학부모들의 기립 박수를 받았다.

약점 속에 강점이 있음을 깨우치도록 말한다

아프리카 전체도 그렇듯 이곳이 얼마나 축복받은 땅인지 잘 압니다

가난과 질병 속에서, 도저히 벗어날 수 없어 보이는 절망과 고통 속에서도 희망의 말을 들으면 극복하고 일어설 수 있다. 스스로 극복하지는 못해도 누군가가 희망을 말해주면 그 말을 따르게 된다. 척박한 땅에 터전을 만들려고 돌멩이를 주워내고 연장도 없이 손이 벗겨지도록 나무 덩굴을 잘라내는 힘은 리더의 희망 메시지에서 나온다. 난세에 영웅이 많다는 옛말은 난세는 절망적으로 헤매는 자들이 많고 그들을 일으켜 세우는 것은 희망 메시지인데 누군가가 희망을 말하면 군중은 그 희망에 기대어 그를 따르므로 그는 영웅이 된다는 말과 같은 것이다.

한국전쟁으로 폐허가 된 울산에 대형 선박 조선소를 세울 수 있다

는 정주영의 희망 메시지, 국민소득 두 자릿수의 나라에 제철소를 세울 수 있다는 박태준의 희망 메시지, 그리고 수많은 리더들의 희망 메시지들이 합해져, 1960년대에 아프리카 케냐와 국민소득이 같던 우리 국민들이 세계 경제 11위권까지 올랐다.

미국의 초대 대통령 조지 워싱턴의 "우리는 해낼 수 있다."는 희망의 메시지는 고국을 등져야 했던 수많은 이민자들에게 사나운 원주민과 짐승들, 모래벌판, 척박한 사막을 뚫고 광활한 북아메리카 대륙의 일부를 세상에서 가장 부강한 나라로 만들었다.

금융 위기와 경제 위기 등 사람을 두렵게 하는 일들이 줄줄이 일어나도 누군가가 믿을 수 있는 희망 메시지를 전하면 사람들은 어렵지 않게 그 모든 어려움을 극복할 힘을 가지게 된다. 알고 보면 지금보다 훨씬 못한 전쟁의 폐허, 불모지, 대책 없는 자연 대해, 잔인한 질병도 이겼는데 그보다 덜한 경제 위기 정도를 못 이길 이유가 없지 않은가? 만약 우리에게 그런 것을 불식시킬 희망의 메시지를 귀로만이 아니라 가슴으로 들을 수 있게 말해주는 사람이 나타난다면 사람들은 그를 믿고 따르며 지금의 두려움과 절망을 딛고 금세 일어설 수 있을 것이다.

당신이 위기를 맞은 기업의 경영자거나, 국가의 정책 결정자, 정치인, 또는 문화나 예술, 여론 등을 이끄는 사람이라면 어려운 상황이 닥칠수록 따르는 사람들에게 근심, 의기소침의 언어를 사용하지 말고 희망을 말해야 그들 가슴에 열정을 지펴 지금의 위기를 극복할 힘을 만들 수 있는 것이다.

아버지의 나라 케냐를 방문한 오바마는 케냐 나이로비 대학의 초청 연설을 했다. 거기서도 희망을 말해 청중들의 기립 박수를 받았다.

그는 아프리카 국가들의 식민지나 독재에 초점을 맞추어 말하지 않고 케냐인들의 자부심을 불러일으키는 희망에 초점을 맞추었다.

"1960년대초 케냐의 독립을 성취하는 동안 국민총생산은 대한민국과 다르지 않았습니다. 그러나 지금은 대한민국의 경제가 케냐보다 40배나 큽니다. 케냐인들의 노력이 부족해서 그런 것이 아닙니다. 우리 케냐인들이 얼마나 열심히 사는지, 케냐의 어머니들이 자식들에게 얼마나 기꺼이 희생하는지, 케냐의 아버지들이 가족들을 위해 얼마나 놀라운 노력을 하는지 잘 압니다. 우리는 이 나라에 존재하는 재능, 지능, 그리고 창의력에 대해서도 잘 알고 있습니다. 그리고 이 땅 아프리카 대륙 전체와 마찬가지로 얼마나 축복을 받은 땅인지도 잘 알고 있습니다."

이런 식으로 케냐인들의 자부심을 어루만지고 그 안에서 찾을 수 있는 희망을 말했다.

"케냐가 뒤진 이유는 역사와 외부 영향 때문만이 아닙니다. 이 대륙 전체와 함께 마찬가지로 실패하는 이유는 투명하고 신뢰할 수 있는 정부를 세우지 못해서입니다. 아프리카 국가 중에서 케냐는 다른 나라들에 비해 여러 인종들과 파벌들이 다투지 않고 평화롭고 안정되게 더불어 살아가도록 하는 대의제 민주주의의 모범을 보이고 있습니다. 여러분은 탄탄한 시민사회와 자유롭고 공정하며 정직한 언론도 가졌습니다. 질병이나 곤란한 일에 맞서 싸우는 일에서도 진정한 발전을 이루었고, 지역 안정성을 촉진하는 데 중요한 동맹도 되었습니다."

그런 다음 해야 할 일을 말했다.

"임금이 적절하지 않을 때 뇌물 유혹에 잘 흔들린다는 것은 누구나 잘 알고 있습니다. 사람을 연고가 아닌 장점으로 판단하면 가장 능력 있고 똑똑한 사람들이 나라를 이끌어 국민들은 열심히 일하고 경제도 성장할 것입니다. 모두가 혜택 받을 것이며 소수가 아닌 모두가 자원을 이용할 수 있을 것입니다."

마지막으로 희망으로 가는 길을 말했다.

"오늘날 케냐에서 이토록 많은 분들이 절실히 원하며, 마땅히 얻어야 할 개혁을 이루는 데 가장 절실히 필요한 것은 용기입니다. 앞으로 이런 용기를 발견하는 데 여러분 모두의 행운을 빌며 저도 친구, 형제로서 도울 일이 있으면 기꺼이 돕겠습니다."

오바마 연설이 좋은 평가를 받는 이유는 항상 듣는 사람의 자부심을 살려준다는 것이다. 고통 받고 절망하는 사람들은 자기 문제를 누구보다 잘 안다. 그런 사람에게 '이것은 이런 문제가 있고 저것은 저런 문제가 있다.'라고 말하면 약이 되는 쓴 소리일지라도 귀에 안 들어오는 법이다. 그들이 듣고 싶은 말은 손상된 자존심을 어루만져주는 말, 지금은 고통 받아도 희망이 있다는 말이다. 오늘날, 아프리카 대륙은 강대국의 간섭과 내전, 부족 간의 갈등으로 엄청난 자연자원을 소유하고도 국민소득 세 자릿수를 간신히 유지하는 실정이다. 그런 그들에게 해주어야 할 쓴소리는 끝도 없이 많을 수 있다. 그러나 오바마는 그렇게 하지 않았다.

당신이 경영자라면 위기를 맞고도 느긋한 직원들을 질책할 수 있고, 당신이 부모라면 성적이 내려가도 공부 안 하고 놀기 바쁜 자식을 꾸짖을 수 있다. 그러나 그럴 때도 꾸짖으며 패배를 말하면 반발만 산다. 희망을 말하지 않으면 당신의 말을 마음으로 접수하지 않고 거부할 것이다. 당신을 열심히 따라야 할 사람인지 의심하게 될 것이다. 그러나 당신이 그런 순간에도 패배대신 희망을 말하고, 못한 일을 질책하기보다 잘한 일을 치하하면, 그들은 당신이 무엇을 걱정하는지 저절로 알아내 당신이 걱정하는 일을 없애려고 최선을 다할 것이다. 그 희망 메시지 하나가 당신의 리더십을 더욱 공고히 해줄 것이다.

어두운 곳이 아닌 밝은 곳을 바라보라고 말한다

지금은 우리에게 주어진 시간입니다

사람은 누구나 어려움에 직면하면 의기소침해진다. 자존심을 다치면 기가 죽는다. 그래서 자기도 모르게 남의 눈치를 보게 된다. 그런 상황은 누구도 배가 싸하게 아프며 불쾌한 법이다. 그래서 손가락 까딱도 하기 싫어진다. 바로 옆에 맑은 물이 흐르는 샘이 있어도 무너진 잿더미만 보이기 마련이다. 누군가가 "아무것도 아니야. 넌 잘할 수 있어.", "그 정도에 무너질 네가 아니야." 등의 말로 마음을 다독여 주어야 기운이 되살아난다. 그래야 무너진 담 밑에 맑은 샘물이 흐르는 것이 보인다. 그래서 절망의 순간에 희망을 말하는 사람을 보면 저절로 그를 따르게 된다. 절망의 순간에는 그 원인이 자기 잘못일지라도 질책이나 비난, 지적의 말이 아니라 힘을 되살리는 격려,

마음을 다독이는 위로의 말이 듣고 싶은 법이다. 관우와 장비 같은 거인이 유비같이 유약한 남자를 목숨 걸고 주군으로 모신 것도, 최윤덕 같은 용감한 장수가 문약한 세종대왕을 믿고 따른 것도 그들이 절망의 순간에 희망을 말할 줄 아는 사람들이어서 그랬다.

경영자인 당신이 실적 낮은 직원에게 "고민 있어서 일이 잘 안 돼?"라고 말하며 손을 감싸본다면 그는 당신이 "실적이 이게 뭐야!"라며 소리소리 지를 때보다 더 뼈아프게 당신 말을 새겨듣고 분발할 것이다. 부모인 당신이 기대에 못 미치는 성적을 거둔 자식에게 "속상하지?"라며 눈을 지그시 바라보면 "그것도 성적이라고 받아왔어?"라며 질책하고 소리 지를 때보다 더 자기반성을 하고 다음에는 성적을 더 잘 받기 위해 노력할 것이다.

오바마는 미국인들의 상한 자존심에 희망을 되살리는 말로 단시간에 많은 미국인들의 마음을 샀다. 미국은 1774년 영국으로부터 독립한 이래, 2001년 처음으로 세계 강대국으로서 씻을 수 없는 자존심 손상을 입었다. 얼마나 자존심을 많이 다쳤던지 전 세계의 반대에도 불구하고 뚜렷한 증거 없이 이라크를 침략한 것이다. 그뿐만이 아니라 자국에 입국하는 내외국인들에게 모두 신발을 벗게 하고 서너 시간씩 검열을 거치게 하는 등 거의 히스테리에 가까운 반응을 드러냈다. 하지만 상한 미국인들의 자존심이 회복되기는커녕 2008년이 되자 금융 위기로 월스트리트가 무너졌다. 2001년에는 하드웨어인 건물이, 2008년에는 소프트웨어인 금융이 무너진 것이다. 계속되는 악재로 미국인들의 자존심이 추락하자 일부 지성인들은 국민의 자존심 회복에 나섰다. 이미 9·11 테러 사건 이후부터 이 운동은 시작되었다. 2006년 6월에 워싱턴에서 열린 미국 회복을 위한 모임에서는 연설 잘하는 사람으로 이름이 나기 시작한 버락 오바마를 초청해 그의 연설을 들었다.

오바마는 그곳 연설에서 무너진 미국인들의 자존심을 살리는 말로 더 큰 인기를 얻었다. 그가 어떤 말로 미국인들의 자존심을 높여주었는지 잠깐 그가 했던 연설 내용을 살펴보자.

"제가 시카고의 사우스 사이드 연설을 하려고 할 때, 1899년에 태어난 아프리카계 미국 여인 마거릿 루이스가 104세의 노쇠한 몸을 이끌고 저를 만나러 왔습니다. 그녀가 태어났을 때 우리에게는 자동차도 없었고 흑인들에 대한 폭력도 당연시 되었습니다. 그녀를 보며 그녀의 일생을 생각해보았습니다. 그녀는 1차, 2차 세계 대전을 지켜보고 대공황도 겪었을 것입니다. 심한 흑인 차별과 나라를 위해 전쟁터를 누빈 조카나 남동생이 돌아온 후에도 버스 맨 뒷자리밖에 못 타는 것도 지켜보았을 것입니다. 그러나 그녀는 그런 절망만 본 것이 아니었을 것입니다. 이 나라에 노동조합이 생겨 노동자들이 보호받고 중산층이 번성하는 것도 보았을 것입니다. 자기 나라를 떠나 빈손이지만 자유롭게 살 수 있는 나라 이 아메리카로 희망을 찾아 밀려오는 수많은 이민자들과, 그런 미국 정신으로 사방에서 이루어진 발전, 언젠가는 자신에게도 그런 좋은 일이 벌어질 거라는 희망을 보았을 것입니다. 그녀는 우리 미국인들이 어려움 가운데에서도 희망을 포기하거나 부족하지만 만족할 수 있었던 것처럼 보였던 역사의 순간마다 어려움에 저항해 싸운 미국인들이 있었다는 것을 알고 있었습니다. 우리는 계속해서 꿈을 꿀 것이라고, 우리는 계속해서 싸워나갈 것이라고, 우리는 계속해서 행진해나갈 것이라고, 우리는 계속해서 노력할 것이라고."

104세 아프리카계 할머니를 만났던 이야기에서 미국인들이 지난 세월 얼마나 많은 어려움을 극복하고 최강대국이 되었는지를 일깨우는 내용을 만들어냈다.

"우리는 정부가 우리 문제를 다 해결해줄 수 없다는 것을 알고 있습니다. 우리 국민들은 정부가 그런 일을 해주기를 바라지도 않습니다. 우리는 우리 스스로 할 수 없는 일도 있다는 것을 알고 있으며, 모두 함께하면 더 잘할 수 있다는 것도 잘 알고 있습니다."

또한 의기소침해 자신의 장점을 보지 못하게 된 미국인의 잠재력을 일깨웠다.

"신사 숙녀 여러분, 지금은 우리에게 주어진 시간입니다. 우리가 역사에 족적을 남길 시간입니다. 우리가 미국 역사를 새로운 장으로 열

시간입니다. 우리가 자녀들에게 우리가 자란 곳보다 더 자유롭고 관대하며, 더 잘살고 더 공정한 나라를 물려줄 시간입니다. 어느 날 우리 자녀들이 지금 우리가 모인 이 자리에 서서 21세기초를 돌아볼 기회가 생기면 그들은 오늘의 미국이 목표를 새롭게 수정했다고 말할 것입니다. 지금이 바로 미국이 다시 꿈꾸는 법을 배운 때라고 말할 것입니다."

미국인들의 자부심을 불러낸 다음 그들이 해야 할 일들을 일러주었다. 조지 부시의 보좌관이었으며 텍사스 공화당원인 마크 매키넌Mark McKinnon은 "버락 오바마는 걸어 다니며 말하는 희망 기계다."라고 말했다.

역사를 공부해보면 절대로 이길 수 없는 전쟁을 이기거나, 절대로 극복하기 힘든 위기를 극복한 국민들에게는 단합해서 극복하는 힘을 발휘하게 한 리더의 말이 있었다. 1940년대 강한 군대를 이끌고 유럽 대륙을 재패한 독일의 히틀러와 전쟁을 치른 영국에는 손가락으로 만든 승리의 V자를 그려 보이며 "우리는 이겨야 한다. 반드시 이겨야 한다."를 외치던 윈스턴 처칠이 있었고, 세계 대공황으로 모두가 굶어죽을 위기에 처한 미국에는 "미국인은 뭐든지 다 할 수 있다."는 말들을 반복해서 들려주던 루즈벨트의 라디오 노변정담이 있었다. 우리에게도 "이길 수 있다."고 외쳐 빈약한 군대로 일본의 대군을 물리치게 한 이순신이 있었다.

리더가 리더로 인정받는 것은 말 한 마디로 절망을 희망으로, 위기를 기회로 바꾸는 것이다. 당신이 지금 리더로서 위기감을 느끼고 있다면 당신 말이 타인에게 희망을 주는지 절망과 아픔을 주는지, 용기를 주는지, 망설임을 주는지 점검해야 할 때이다. 당신이 따르는 사람들에게 절망, 고통, 분노 대신 희망 메시지를 전하도록 노력한다면 당신의 흔들리는 리더십은 금세 회복될 것이며 점점 더 커질 것이다.

4장

날카로운 논쟁도
부드럽게 제압한다

많이 만나보면
편견 없이 말할 수 있다

대화해보면 생각했던 것보다 관대한 사람들이 많습니다

책을 많이 쓰다 보니 어떤 책이 잘 팔리는지 어느 정도 감을 잡을 수 있게 되었다. 독자가 읽고 "그 책 속에 내 이야기가 많더군요." 라고 말하는 경우가 많으면 책이 잘 팔린다. 책 내용에 공감이 가고 자기가 듣고 싶던 말들이 눈에 들어오면 자기만을 위한 책이 되는 것이다.

대화도 마찬가지다. 듣는 사람이 자기 마음속에 쏙 들어갔다 나온 것처럼 하는 말, 자기 생각과 비슷한 말에 솔깃해진다. 서양 사람에게 온돌을 설명하면 "좋겠다."라고 말하면서도 고개를 갸우뚱하고 동양 사람에게 부모와 식당가서도 각자 밥값을 낸다고 설명하면 고개를 갸우뚱하는 법이다. 공감대가 형성되지 않으면 침을 튀기며 말해도 말이 안 통하는 것이다.

　리더는 자기 말이 사방으로 잘 통해 따르는 사람들이 일사분란하게 움직여줄 때 리더십을 최대한 발휘할 수 있다. 따라서 최대한 듣는 사람의 공감대 안에서 말할 줄 알아야 한다. 리더인 당신의 말이 따르는 사람들에게 잘 전해지게 하려면 당신이 누리는 문화 코드에 맞는 말이 아니라 그들이 이해하는 문화 코드로 말해야 날카로운 논쟁도 순식간에 잠재울 수 있는 것이다. 타워 펠리스에 사는 사람들이 가난한 달동네 문화를 말하거나 가난한 달동네 사람들이 타워 펠리스 문화를 말하면 말의 내용이 부실해지듯 겪어 보지 않은 문화를 말하면 어디가 어설프게 들린다. 그렇다고 누구나 다른 문화를 경험해 볼 수는 없다.

　우리나라도 그렇지만 미국 대통령 선거는 가장 날카로운 이슈를 다루며 서로 치고 받는 과정을 거친다. 누가 더 상대편을 표 안 나게 공격하느냐가 당락을 결정하기도 한다. 공격을 받았을 때 어떤 말로 대응하느냐 역시 대단히 중요하다. 버락 오바마는 공격에 대응하는 자세에서 높이 평가받아 높은 지지율을 유지했다. 그럴 수 있었던 비결은 평소 많은 사람들을 만나 이야기를 듣고 그들 마음을 헤아려 그들의 마음으로 반격했기 때문이다. 오바마는 LA 한인타운이나 크로아티아, 아프가니스탄, 파키스탄, 자메이카 등 수많은 나라의 소수민족 집단 마을에 가서 그들의 이야기를 듣고 겪어봐서 그들 문화를 잘 꿰뚫고 있었다. 오바마가 자기 웹사이트에 한글 란을 만든 것은 유명하다. 그러다 보니 누가 공격을 해도 그 사람 마음속에 들어갔다 나온 것처럼 말해 더 이상 공격할 수 없게 만들었다.

사람은 직위가 높아지고 명예가 커지면 초심을 간직하려고 노력해도 남들에게는 변한 모습으로 비춰지기가 쉽다. 전처럼 아무나 만나 진솔한 이야기를 들을 시간과 여유가 없어져 그들 생각이 아닌 자기 생각으로 말하기 때문이다. 처음엔 몇몇 사람이 오순도순 가족처럼 모여 창업에 성공한 소기업도 중소기업으로 성장하면 사원들은 사장이 자신들의 심정을 모르고 이기적으로 변했다며 욕한다. 중소기업이 중견기업, 대기업으로 발전하면 변화의 정도는 더욱 심해진다.

그러나 적어도 백년 이상 망하지 않고 버티는 기업의 리더는 대부분 시간과 여유가 없는 생활을 하면서도 초심을 잃지 않고 밑바닥부터 중간, 최고층까지 두루 만나 그들 말을 듣는다는 연구 결과가 있다. 조직이란 크건 작건, 10명이 일하건, 1만 명이 일하건, 리더의 메시지를 위에서 밑까지 일사분란하게 전달되도록 해야 경쟁력이 생긴다. 리더의 메시지가 신속 정확하게 전해지려면 듣는 사람들에게 충분한 공감대를 형성해야만 가능하기 때문이다.

전달 과정에서 왜곡되거나 무시되는 가장 큰 이유는 메시지를 만든 리더가 그것을 전달받는 사람들의 생각을 읽지 못하고 일방적으로 만드는 데서 비롯된다. 기업의 사장이라면 직원들이 무슨 생각을 하며 사는지, 어떤 일을 해야 신명나는지를 전혀 고려하지 않고 자기 짐작으로만 메시지를 만들어 보내면 거부당할 수 있는 것이다. 그렇게 되면 그들과 대립할 일이 생겼을 때 그들을 설득할 수가 없다. 노사 협상 등에서 무리수를 두어 상처를 입고 기업의 경쟁력도 떨어질 수 있다.

버락 오바마는 대통령 선거 기간 동안 수없이 밀려드는 민감한 논쟁에서 밀리지 않기 위해 가능한 한 많은 유권자들을 만나 그들의 이야기를 들었다고 고백했다.

그는 "짬을 내어 나와 다른 사람들과 대화를 나눠보면 대부분의 복음주의자들이 미디어에서 말하는 것보다 훨씬 관대하고, 대부분의 세속주의자들의 영성도 생각보다 더 두텁다는 사실을 알게 된다. 부유한 사람들도 대부분 가난한 사람들이 성공하기를 바라며, 대부분의 빈곤층은 대중문화에 비치는 것과 달리 자신에게 엄격하고 못 사는 데 대한 반성을 많이 하며 포부도 크다는 것을 알 수 있다."고 말했다.

오바마는 유권자들과 진솔한 대화를 나누어보면 국민들이 도로 보수 문제, 노인 복지 센터 운영 문제점을 정치가들보다 더 잘 꿰뚫고 있다는 것을 알 수 있다고 한다. 그가 민주당 소속 상원의원이지만 대화를 청하면 그가 공화당 지지자이건, 민주당 지지자이건 민간 약제 처방법, 미국의 재정적자, 미얀마의 인권, 에탄올 문제, 아시아를 강타한 조류 인플루엔자, 공립학교 기금 모금, 우주 개발, 심지어 자기 등에 난 사마귀나, 토양 보존 문제에 이르기까지 진솔한 이야기들을 들려주더라고 말했다. 그들로부터 다양한 이야기를 들으면 국민들이 대체로 건강한 일상을 최선을 다해 산다는 것을 깨닫게 돼 마치 계곡 물에 몸을 담그는 것처럼 마음이 청량해지며 어떤 공격이 들어와도 부드러운 한 마디로 그들을 제압할 자신감이 생긴다는 것이다. 오바마는 지방의원 시절뿐만 아니라 연방 상원의원에 당선돼 워싱턴으로 간 이후에도 시청이나 공회당에서 유권자들을 만나는 일을 거르지 않으며 그 일을 할 때가 가장 즐겁다고 말한다.

우리나라에서도 98년 경제 위기 이후 잠시 대기업 회장이 말단 직원들과 맥주집을 같이 가거나 심지어 대중목욕탕에 함께 벌거벗고 들어가 서로 등을 밀어주며 진솔한 이야기를 주고받는 것이 유행처럼 번졌다. 직원들의 잦은 이직과 노사의 첨예한 대립을 유연하게 대처하기 위한 노력이었지만 그런 부자연스러운 이벤트성 행사로는 아랫사람의 진솔한 이야기를 들을 수 있을 만큼 마음을 여는 데에는 큰 도움이 못 된다. 익숙하지 않은 그런 자리에서 말단 직원이 최고경영자에게 마음을 터놓고 이야기 하기란 정말로 어려운 것이다.

특히 업무 현장에서는 그런 일회성 이벤트의 미미한 효과마저 기대하기가 더욱 힘들다. 나는 우리나라 굴지의 대기업 임원 대상 강의에서 그런 모습을 많이 보았다. 담당 직원이 상사의 눈치가 보여 강의 교재 디자인이나 교재에 사용되는 용어조차 혼자 결정 못하고 지시를 기다리는 모습 말이다. 그럴 때마다 미안해하는 담당자를 보아야 하는 나도 민망했다.

기업 경영자가 평소 아랫사람의 이야기를 진솔하게 듣고 일을 합리적으로 처리하는 곳은 위기가 오면 직원들과 협력해 이에 대처하기가 쉽다. 그러나 그 반대의 경우에는 오히려 위기가 잦고 직원들의 단합을 끌어내기가 어려워 위기를 극복하지 못하고 무너지는 경우가 많다. 그런 일을 많이 보다 보니 요즘에는 최고 인사권자를 보면 회사의 운명이 보인다는 농담을 하곤 한다.

아직도 많은 기업에서 윗사람은 아랫사람과 소통이 잘되고 있다고 자부하고 아랫사람은 윗사람과 대화가 안 통한다고 하소연 한다. 특히 경영자가 독선적이라기보다 아랫사람들과 공감대가 부족해 직원들이 원하는 바에 맞추어 말할 줄 몰라서다. 그러나 지금이라도 경영자가 아랫사람과 대화를 자주 나누어 공감대를 형성해두면 그런 위기가 오거나 상하 간의 의견 충돌이 생겨도 이를 쉽게 해결해 기업의 경쟁력이 단기간에 크게 향상될 것이다.

첨예한 쟁점은 나와 너의 이야기가 아니라 그들 이야기로 하라

기분 때문에 임신 중절하는 여인은 없습니다

리더는 반대 의견을 충분히 듣고 기분 좋게 설득해 자기편으로 만들 줄 알아야 한다. 반대 의견을 곧바로 말로 제압하면 상대편은 바로 적으로 변한다. 상대방이 파워가 약하고 기가 약해 겉으로는 물러서더라도 마음으로는 상처를 입어 복수의 칼날을 갈 수 있다. 요즘에는 초등학생들도 어른이 말로 제압하면 바로 대든다. 알아듣게 설명해야 어른 말을 듣는다. 그런데 다 자란 성인을 말로 제압하면 얼마나 더 큰 반감을 갖겠는가? 리더는 서로 의견이 맞서더라도 따르는 사람들이 가급적 반감 없이 자기 의견을 받아들이도록 해야 한다. 그러려면 따르는 사람을 절대 말로 제압하려고 애쓰지 말고 부드럽게 설득할 수 있어야 한다.

반대 의견을 가진 사람을 무리 없이 설득하려면 반드시 그 사람이 공감할 수 있는 말을 해야 한다. 듣는 사람의 처지, 문화, 생각 등을 알아야 반대 의견을 잠재우고 내 생각을 알아듣게 설명할 수 있다. 듣는 사람의 성향을 잘 알아야 내 의견을 받아들이도록 설득하기가 쉬워지는 것이다. 그래서 이익이 첨예하게 걸린 협상이나 경쟁 프레젠테이션을 하기 전에는 상대방에 대한 자료를 최대한 많이 확보하기 위해서라도 그룹 인터뷰를 해보아야 그들이 공통적으로 가진 사고방식과 공감대를 찾아 설득력을 높일 수 있다. 그보다 더 쉬운 방법은 평소에 틈나는 대로 설득해야 할 사람들의 이야기를 많이 들어두는 것이다.

버락 오바마는 반대 의견을 꺾어 자기 의견을 받아들이게 하는 능력이 탁월해 정적인 공화당원들의 지지까지 끌어냈다. 그러나 착실한 기독교인들은 낙태를 합법화해야 한다는 그의 의견에 반대했다. 오바마는 그런 민감한 문제로 항상 유권자들과 날카롭게 대립하는 것은 현명하지 못한 일이라고 생각했다. 자기 주장이 반대에 부딪혔다고 해서 모호한 말로 얼렁뚱땅 넘어가려고 하는 것도 비겁한 짓이라고 여겼다. 그래서 그는 다른 것은 다 좋은데 낙태 허용만은 싫다는 우호적인 유권자들을 만나면 공감이 가는 말로 설득해 자기편으로 만들었다.

낙태를 계획한 많은 여성들을 만나 그들이 왜 낙태를 하려는지 잘 파악하고 있어 설득이 그리 어렵지 않았다고 한다. 오바마는 낙태를 결정한 여성들 중 절박하지 않은데 낙태를 한다거나, 좋아서 한다는 사람은 못 만났다고 한다. 모두 다 두렵고 떨리고 가슴 아프지만 한 번의 실수로 책임지기 어려운 아이를 태어나게 해 더 큰 죄를 저지를 수 없어 뜬 눈으로 밤을 새우고 울며불며 자신을 되돌아보다가 낙태를 결정했다는 것이었다. 그리하여 오바마는 낙태를 앞둔 여성들의 속내를 그들의 이야기로 말할 수 있어 이 문제를 석연치 않아 하는 사람들에게 분명하게 이성적으로 소신을 밝힐 수 있었다.

한번은 이 문제에 대해 시카고 대학 의과대학의 의사로부터 이메일을 받았다.

"예비 선거에서 당신에게 표를 던졌고 본선에서도 당신에게 표를 던지는 것을 신중하게 고려하고 있습니다. 이메일을 보내는 이유는 당신에 대해 내가 걱정하는 이유를 설명하기 위해서입니다." 의사는 자기는 착실한 기독교인이며 공화당원이라고 밝히고 그러나 부시의 자유 시장 정책이 싫고 당신의 정책이 옳게 보여 당신을 지지하고 싶지만 내 윤리관과 다른 낙태 합법화가 마음에 걸린다는 내용이었다. 그리고 낙태를 지지하는 오바마의 생각보다 오바마의 웹사이트에 실린 글 내용이 마음에 안 든다고 했다. 오바마는 즉각 웹사이트를 검토했다. 과연 표현이 너무 거칠었다. 보좌관들이 오바마의 낙태 찬성 사유를 다소 선정적인 언어로 설명하고 있었다. 오바마는 보좌관에게 즉각 표현을 시정하라고 지시하고 의사에게 "웹사이트 표현은 잘못되었습니다. 시정을 지시했습니다. 그러나 저는 낙태를 결심하는 여성들이 낙태를 좋아서 하는 것은 아니라고 생각하기 때문에 여전히 낙태를 막지는 않을 것입니다."라고 답변했다.

보수적인 기독교인들이 많은 미국에서 낙태 문제는 인종 문제만큼이나 민감하다. 낙태 반대자들은 낙태를 해주는 병원 앞에 지켜 섰다가 낙태하려고 온 임산부를 밀어 넘어뜨리거나 더러운 물건을 던지며 모욕을 주기도 한다.

한번은 유세장에 아이들을 데리고 온 부부 중 아내가 오바마에게 다가와 낙태에 대한 질문을 던졌다.

"오바마 씨, 나는 당신의 많은 견해에 공감합니다. 그런데 당신은 기독교인이고 가족도 있는 것으로 알고 있습니다."
"감사합니다."
"그런데 당신은 어떻게 태아를 죽이는 일을 지지할 수 있지요?"

오바마는 그녀에게 이렇게 말을 했다.

"일시적인 기분 때문에 임신중절을 하겠다는 여성은 거의 없습니다. 임신한 여성이 임신중절이라는 가슴 아픈 결정을 내릴 때는 그에 따른 윤리적 측면을 충분히 감안합니다. 그러고도 수없이 양심의 가책에 시달립니다. 그리고 임신중절을 법으로 못하게 하던 시기에도 도저히 아이를 낳을 수 없는 여성들은 몰래 임신중절을 했습니다. 오히려 여성들이 안전하지 못한 방법으로 중절을 해 건강을 해친 적이 많습니다. 이마도 임신중절을 막는 것보다 임신 자체를 막는 데에는 당신과 의견이 같을 것입니다."

미리미리 임신 중절 경험을 해본 여성들을 만나지 않았다면 남자인 그가 이처럼 공감 가는 이야기로 논쟁을 피하기는 어려웠을 것이다. 미국인들은 물론 전 세계 사람들은 버락 오바마가 탁월한 언변을 가졌다고 말한다. 그 이유는 민감한 사안도 절대 목소리를 높여 시끄럽게 말하지 않고 설득하는 능력을 가져서일 것이다. 그는 듣는 사람을 혹하게 말하지도 않고 있는 사실을 차분히, 그러나 진솔하게 말할 줄 안다. 그래서 거의 말로 승부가 가려지는 미국의 워싱턴 정가에서도 그의 말솜씨는 정적인 공화당 중진들까지 인정하고 있다. 그 비결은 평소 현장의 소리를 열심히 들어 다양한 사람들을 만나 그들의 이야기를 들어 그들이 반대할 때까지 그들 목소리를 낼 수 있어서였다.

우리나라에서도 첨예한 문제로 논쟁을 벌이면 가급적 상대방 말을 무시하고 자기 말만 한다. TV 심야 토론에 출연하는 사람들에게서 그런 모습을 정말로 많이 본다. 상대방 말은 듣지도 않고 자기 말만 하거나, 막무가내로 우기거나, 상대방 의견을 무조건 깎아 내리는 그런 모습 말이다. 그러다가 흥분하면 인식공격을 하고 여론이 안 좋으면 사과하는 식이다. 첨예한 논쟁일수록 그런 방식으로는 끝이 안 난다. 상대방의 문화 속에서 상대방 언어로 말해야 입을 다물게 할 수 있는 것이다. 계층을 불문하고 더 많은 사람들의 말을 들으려는 노력이야말로 듣는 사람의 마음을 읽는 능력을 길러주며 그 능력이 대중 앞에서 하는 연설은 물론 일대일 대화에서도 설득력을 높일 수 있는 핵심 노하우인 것이다.

수세에 몰리는 것보다 적대감 노출이 더 위험하다

배관공 조는 CEO 조

현대인은 첨예한 논쟁 속에 서는 경우가 많다. 특히 지위가 높은 사람들 중에는 조급하고 흥분 잘하는 사람들이 많아 논쟁에 휘말려 설화를 입는 사람도 많다. 날카로울수록 공격이 부메랑이 되어 돌아오기 쉬운 것이다. 리더는 이기는 것이 몸에 배어 논쟁에서 완승을 거두고 싶어한다. 하지만 그런 생각이 현장에서는 당신을 완패로 이끌 수 있다.

지렁이도 밟으면 꿈틀하는 법이다. 상대가 미약한 존재일지라도 완패 당하면 순순히 물러서지 않고 보복을 도모한다. 관찰자는 항상 약자 편이다. 그래서 완승을 목표로 하면 논쟁에서 이기고도 더 큰일로 보복 당할 수 있으며, 관찰자들도 등을 돌려 외로운 처지에 놓일

수도 있다. 당신이 기업 경영자인데 사내 라이벌에 비해 따르는 사람이 적다면 당신의 리더십이 그만큼 약하다는 것을 인정해야 할 것이다. 어려운 상황에 직면했을 때 자기 일처럼 나서주는 사람이 적으면 극복하기 어려운 법이다. 급박한 상황에 직면했을 때 당신의 손발이 되어 도와줄 사람이 없다면 국면 전환이 불가능해질 수 있는 법이다. 완승을 목표로 하면 늘 고분고분하던 사람마저 외면해 당신이 그 모든 일을 처리해야 하는데, 당신이 아무리 뛰어난 사람이라고 해도 혼자 모든 일을 할 수는 없기 때문이다. 당신이 완승을 거두는 데만 몰입하는 동안 완패 당한 사람은 완패를 인정하는 것이 아니라 당신이 곤란한 상황에 처하면 궁지로 몰아 보복하고 싶어지기 때문이다.

많은 경영자들이 "정말로 내 마음에 들게 일하는 사람 찾기가 하늘의 별 따기만큼이나 어렵다."고 하소연한다. 아마 그런 사람은 크고 작은 논쟁에서 완승을 거둘지라도 따르는 사람의 사기를 꺾어 당신이 원하는 대로 일할 의지를 상실하게 해서일지도 모른다.

승자 독식 세계인 정치에서도 마찬가지다. 정적과의 논쟁에서 완승을 꾀하면 오히려 함정에 빠지기 쉽다. 관찰자인 유권자들은 완승하는 사람의 편을 들지 않는다. 원래부터 자기편이었던 사람이야 흔들리지 않을지 모르지만 부동층은 항상 '내가 도와주어야 성공할 수 있는 사람'에게 마음을 주는 법이다.

다소 수세적이더라도 날카로운 논쟁에서는 논쟁 자체의 완승은 피하는 것이 낫다. 공격을 포기하고 우물쭈물해 상대방의 공격 내용을 수용하는 것처럼 보이라는 것이 아니라 공격의 수위를 상대방보다 더 높여 무리한 완승을 하지는 말라는 것이다. 버락 오바마는 첨예한 대립 상황에서 대립각을 세우지 않고 이성적으로 역공격하는 능력을 가져 정적 진영인 공화당 지지자들조차 그에게 호감을 갖게 만들었다.

미국도 역시 대통령 선거 막바지에 접어들면 흑색선전과 인신공격으로 대단히 혼탁해진다. 2008년 대선은 초유의 흑백 대결까지 이루어져 더욱 심했다. 이때 버락 오바마의 경쟁자 존 매케인은 처음부터 흑인이며 나이가 어리고 연방 정부에 들어온 지 얼마 안 된 버락 오바마를 얕보며 완승을 거두려다 역효과를 보았다. 대통령 후보 1차 TV토론에서 매케인은 오바마를 얕잡아 보는 태도를 공공연히 보였다. 1차 TV토론에서는 외교 안보와 금융 위기 해법 등이 다루어졌다. 반대되는 정책들로 논쟁이 날카로울 수밖에 없었다. 매케인 후보가 오바마가 재정 지출 확대와 미국을 위협하는 세력을 옹호한다는 말로 선제공격을 했다. 그러자 자연스럽게 매케인은 공격하고 오바마는 방어하는 방식으로 흘러갔다. 매케인은 오바마의 의료보호 확대, 공교육 수준 향상 등을 위한 지출 확대를 집중 공격했다. 오바마가 이라크 전쟁의 참여 경비를 사회 문제 해결의 경비 지출로 돌리면 지출이 확대되는 것은 아니라고 방어하자 매케인은 반복해서 "오바마 상원이 잘 몰라서 그러는 것 같은데……"라는 말로 경쟁자의 경륜 부족을 부각시키려고 애썼다. 그 정도가 심해서 오바마가 자기의 공격을 방어할 때마다 비웃는 것으로 보일 수 있는 미묘한 미소와 오바마와 직접 주고받아야 하는 대화에서도 절대로 오바마 쪽으로 눈길을 주지 않는 태도 등을 보여 확연히 상대방을 얕보는 것으로 비쳐졌다.

　매케인의 논리 전개는 노련한 정객답게 논리와 설득력을 갖추었지만 경쟁자를 '네 까짓 것쯤이야' 하며 깔아뭉개는 듯한 태도로 보는 것은 상당히 거슬렸다. 미국인들도 그렇게 보았는지 국민들은 1차 TV토론 후 '오바마가 더 잘했다'에 5~6퍼센트 더 높은 점수를 주었다. 2차 TV토론에서도 사정은 크게 달라지지 않았다. 초조해진 매케인은 3차 TV토론에서 막판 뒤집기를 위해 느닷없이 '배관공 조 Joe the plumber' 패를 들고 나왔다. 배관공 조는 3차 TV토론 바로 전 일요일, 오바마가 오하이오 주 토레도 Toledo의 유세에서 만난 사람이다. 미국에서도 배관공은 부유층이 아니다. 중산층이나 중하층 정도 된다. 그런 그가 오바마를 만나자 "지금 내가 다니고 있는 배관 회사를 인수하면, 내 연봉이 25만 달러에서 28만 달러 정도 된다. 그럴 경우 오바마 당신의 세금 정책으로는 현재보다 훨씬 많은 세금을 내야 되는 거 아니냐?"라고 물었는데 이를 매케인이 오바마를 제압하는 데 이용한 것이다.

　당연히 오바마로서는 갑작스런 질문에 답변이 어려웠다. 연봉 25만 달러라면, 우리 돈으로 3억 정도, 미국에서도 2.3퍼센트에 해당하는 고소득자다. 97.7퍼센트의 보통 사람 중에 그 정도의 고소득자들에게 더 많은 세금을 물리는 오바마의 정책에 반대하는 사람이 있다는 것을 보여주는 것같이 되니 당황한 것이다. 오바마는 연소득 25만 달러 이상(부부 합산의 경우. 싱글은 20만 달러 이상)에게는 현재보다 세금을 더 물리고 연소득이 6만 달러 이하인 사람들에게는 지금보다 세금을 줄여주는 정책을 추진했다.

존 매케인은 오바마가 조의 질문을 받고 당황하는 모습이 언론에 비치자 놓치지 않고 TV토론 초반부터 '배관공 조'를 들먹이며 오바마의 세금 정책을 날카롭게 공격했다. 그는 여전히 완승으로 역전하겠다는 목표를 달성하려고 한 것이다. 오바마는 그의 이런 방식의 공격에 다소 어이가 없는 표정을 짓기는 했지만 날선 공격은 삼갔다. 충성도 높은 민주당원들은 오바마가 너무 약하게 나갔다고 말하고, 공화당원들은 오바마가 당황하더라고 평가하기도 했다.

토론회가 끝난 다음날 아침, 거의 모든 미국의 조간신문들은 약속이라도 한 듯 '배관공 조'에 대한 기사를 실었다. 당연히 흥미 위주의 기사가 많았다. '배관공 조'가 실제로 배관공 자격증이 없기 때문에 지난 15년간 배관공으로 일한 것이 문제가 될 수 있다는 얘기부터 2005년 소득세 1,200달러를 제때 내지 않아서 현재 카운티 정부로부터 그의 주택이 저당 잡혀 있다는 얘기까지.

그렇다고 흥미 위주의 기사만 실린 것은 아니다. 실제로 '배관공 조'가 그의 희망대로 연소득 28만 달러를 벌어도 오바마의 세금 정책을 적용하더라도 연간 900달러 정도만 세금을 더 내게 된다는 것,

오바마의 세금 정책은 미국 내 중소기업들의 세금을 늘리는 것이라던 토론 중 반복된 매케인 주장의 근거는 미국 내 전체 중소기업 중에 6백만 개 이하의 회사만 종업원을 고용하고 있으며, 그 중 세금을 낼 수 있는 사람 중 70만 명 정도는 변호사, 회계사, 부동산 투자자 등이므로 중소기업과 거리가 멀다는 기사도 있었다.

오바마는 토론에서 '배관공 조' 패를 들고 나와 자신의 세금 정책을 물고 늘어진 매케인에게 맹공을 퍼붓는 대신 일단 수세적인 태도를 보이고 토론 후에 있었던 버지니아 주의 유세장에서 자기 의견을 분명히 했다. 그곳에 모인 1만2천 명의 군중을 향해 "존 매케인이 누구를 위해 나섰는지 명확히 하자. 매케인은 배관공 조가 아니라 CEO 조를 위해 나섰다. 헤지펀드 매니저 조를 위해 나섰다. 존 매케인이 배관공 조에 대해 말하는 것을 좋아하지만 그는 배관공 조가 아니라 CEO 조와 한 통속이다. 속아 넘어가서는 안 된다. 중소기업 경영자의 연소득은 98퍼센트가 25만 달러를 밑돌며 이들에게는 한 푼도 세금이 오르지 않을 것."이라고 쐐기를 박았다.

이들의 싸움에서 첨예한 논쟁은 날카롭게 맞서기보다 수세에 몰린 것 같더라도 숨고르기를 하고 다시 정리해서 말하는 것이 낫다는 것을 배울 수 있다. 당신이 기업 경영자라면 박박 우기는 부하 직원과의 논쟁이나 노사협상에서의 날카로운 논쟁에서, 당신이 정치 지도자라면 정적과의 논쟁에서 이 방법을 유용하게 사용할 수 있을 것이다.

5장

스토리텔링과 리듬으로
메시지를 각인시킨다

스토리텔링이 대세다

딸의 생일날 딸의 말을 듣고 울었습니다

영상 시대와 인쇄 시대의 화법은 다르다. 영상 시대인 지금은 말을 들으면 즉각 영상을 떠올릴 수 있어야 전달이 잘된다. 게다가 사람의 뇌는 원래부터 말이나 글을 접촉하면 곧 화상정보로 바꾸어 저장하는 속성을 가졌다. 요즘 스토리텔링이 뜨는 이유는 이 모든 사실이 과학적으로 밝혀져서다. 설득이 직업인 사람들은 듣는 사람 머리에 영상이 떠오르도록 말할 줄 알아야 한다. 듣는 사람 머리에 영상이 떠오르도록 말하면 이해가 쉬울 뿐만 아니라 감동이 뒤따른다.

스토리텔링은 할머니 무릎에 누워 듣는 옛날이야기 같은 것이다. 어릴 때 할머니에게 들은 이야기가 그렇게 재미있고 유익했듯 스토리텔링은 유익과 재미를 줄 수 있다. 듣는 사람이 지루해하지 않고 흥미롭게 귀를 기울이도록 할 수 있는 것이다.

영상 매체의 발전은 웅변의 시대를 마감하고 스토리텔링의 시대를 열었다. 마이크와 화면을 충분히 활용할 수 있어 예전처럼 소리소리 지르는 연설은 듣는 사람을 부담스럽게 할 뿐이다. 수천 명이 모인 곳에서도 조근조근 옛날이야기를 들려주듯이 말해야 가슴을 움직일 수 있다. 목소리가 낮으면 듣다가 졸릴 수 있지만 내용 전개가 재미있으면 그렇지 않다. 이야기의 재미는 듣는 순간 영상이 떠오르되 그 영상이 실감나게 움직여야 한다.

이제는 연설에서도 스토리텔링이 대세다. 당신이 연설 기회가 많은 리더라면 소리 높여 옛날식 웅변을 해도 청중이 졸거나 맥 빠진 눈동자로 간신히 졸음을 참는 참담한 광경 때문에 실망한 적이 있을 것이다. 요즘 사람들은 영상에 익숙해 소리 높은 말보다 바로 영상으로 호환이 되는 스토리텔링에 귀가 솔깃해진다는 사실을 기억해야 한다. 당신이 연설에 자신이 없거나 평소에도 '나는 재미있게 말하지 못한다.'고 생각하는 이유는 스토리텔링을 가벼이 여기고 서술적으로 말했기 때문에 듣는 사람에게 좋은 반응을 얻을 수 없어서다.

오바마의 화법이 각광을 받은 이유 중 하나는 스토리텔링을 적절하게 사용하기 때문이다. 그는 쉬운 말을 사용할 뿐만 아니라 듣는 사람이 말의 내용을 바로 영상으로 바꿀 수 있도록 스토리텔링으로 듣는 사람의 귀를 매료시킨다. 그 덕분에 미국인이라면 계층, 인종, 성별, 나이 불문하고 그의 말에 귀를 기울이려 한다. 그의 이런 말솜씨는 그가 단기간에 인종 편견이 심한 미국인을 사로잡은 중요한 원인 중 하나인 것이다.

CBS의 이브닝 뉴스는 〈대선 후보 질문〉 시리즈를 방송으로 내보냈다. 2008년 10월 22일 저녁 방송에서는 오바마와 매케인에게 '가장 최근에 흘린 눈물'에 대한 질문이 주어졌다. 두 사람의 답변을 비교해보자.

오바마는 질문을 받자 "대답하기 쉬운 질문이다. 그것은 10살 난 딸 말리아의 생일 파티 때였다. 그때 우리 가족은 몬태나에 있었다. 말리아는 생일이 미국의 독립기념일인 7월 4일이다. 우리 부부는 선거 운동 때문에 종종 딸의 생일에도 집을 떠나야 할 때가 많았다. 그런데 이날은 우리 가족이 함께 있었다. 우리가 묵었던 작은 홀리데이인 호텔 회의실에 큰딸 말리아, 둘째딸 나타샤, 아내 미셸 그리고 다른 몇몇 가족도 모였다. 생일 케이크 하나와 생일잔치치고는 좀 초라한 음식들이 차려졌다. 선거운동 캠프 스태프들이 아이팟에 말리아가 좋아하는 음악들을 녹음해왔다. 우리는 저녁 내내 그 음악에 맞춰 춤을 췄다. 내 춤이 우스웠는지 가족들은 내내 나를 보며 웃었다. 그리고는 말리아가 다가오더니 '아빠 이번 생일 파티가 지금까지 내가 경험한 것 중 최고예요.'라고 말했다. 딸의 말을 듣고 딸이 얼마나 성장했는지를 새삼 깨달았다. 그래서 눈물이 났다. 아마 딸애는 아빠를 배려해서 그렇게 말했을 것이다. 그때를 생각하면 지금도 괜히 가슴이 뭉클하다."라고 말했다.

그는 듣는 사람들이 자신의 딸 생일 파티를 영상으로 떠올리기 쉽게 스토리텔링으로 말했다. 그에 비해 매케인은 "나는 자주 운다. 군 복무중인 젊은이들을 볼 때마다 감상적이 된다. 일전에 타운 홀 미팅에서 만난 여성은 아들이 이라크 전에서 전사했다고 했다. 그 여성이 아들의 이라크 전 참전을 자랑스럽게 생각한다고 말하는 것을 들으며 감동받았다. 지금도 그렇지만 그런 군인 가족들을 생각할 때마다 나는 눈물이 솟구친다."고 말했다.

두 사람의 인터뷰가 방송된 뒤 많은 시청자들이 오바마의 말에 대해 "딸을 사랑하는 아버지로서의 오바마 눈물에 공감한다."며 긍정적인 반응을 보였다. 그러나 매케인의 답변에는 "너무 정치적인 면을 고려한 계산적인 답변 같다."는 비판이 많았다.

대화 방법은 어떤 커뮤니케이션 도구를 사용하는가에 따라 달라진다. 이는 1960년대에 캐나다 커뮤니케이션학자 마셜 맥루한Marshall McLuhan이 했던 말이다. 즉, 인쇄물을 주로 사용하던 시대의 사람들은 말을 액면 그대로 듣기보다 숨은 맥락을 찾아 의미를 스스로 완성해서 듣고, 영상세대 사람들은 보이는 그대로 들을 뿐만 아니라 말하는 사람의 영상 이미지를 곁들여 듣는다는 것이다. 영상 세대에게는 말하는 사람이 무엇을 입었는가, 외모는 어떤가 등도 언어 해석에 영향을 미친다는 것이다.

말을 들을 때와 마찬가지로 말을 할 때에도 인쇄와 영상 세대는 화법에 차이가 난다. 그래서 인쇄 세대인 매케인은 듣는 사람들이 그

맥락을 새겨듣도록 서술적으로 말했고 오바마는 듣는 사람들이 들은 그대로 머리에 영상을 떠올리도록 말했던 것이다.

지금은 영상 시대다. 두 가지 방법으로 대결을 벌이면 당연히 영상적인 이미지를 바로 연상시키는 스토리텔링이 우세해진다. 당신도 오바마와 매케인의 인터뷰 내용에서 그 차이를 발견할 수 있을 것이다.

당신이 만약 인쇄 세대인데 영상 세대인 40대 이하의 직원들을 일대일로 설득해야 하거나, 그들을 대상으로 연설 또는 강의를 해야 할 때, 영상 세대인 자녀에게 중요한 말을 해야 할 때, 당신이 말하고자하는 내용이 좀 더 잘 전달되게 하려면 당신이나 주변 사람들의 경험담, 본 것, 책의 내용 중에서 영상 이미지로 호환되는 내용들을 사례로 사용하기를 권한다. 당신이 비록 영상 세대 사람일지라도 앞선 세대에게 배워 인쇄 세대처럼 서술적으로 말한다면 당신보다 아래 세대가 선호하는 영상 화법을 되찾길 바란다.

나 역시 강의할 때 매번 수강자들이 가장 눈을 빛내며 듣는 부분은 즉각 영상이 떠오르는 경험담을 스토리텔링으로 말할 때라는 것을 수없이 경험했다. 지금은 연설이건 대화건 스토리텔링이 대세임을 기억해야 설득력을 높일 수 있다.

연설에도 스토리텔링이 통한다

나는 애슐리 때문에 왔습니다

많은 사람들이 연설에 대한 두려움을 호소한다. 특히 어느 집단의 유능한 리더가 되면 연설, 강연 등에 자주 초대된다. 리더가 되는 비결을 알고 싶은 사람들이 많은 것이다. 그래서 리더는 연설에서 전문식견이나 인품을 알리는 것이 대단히 중요하다. 기업의 경영자는 연설 능력으로 주주들의 신망을 좌우할 수 있고, 기업의 대내외 이미지를 좋게 하거나 흐리게 할 수 있다. 학자는 학문적 식견을 제대로 평가 받느냐의 여부가 갈리고 정치가는 표가 갈려 직위가 달라질 수 있다. 그만큼 연설은 지도자의 능력을 재는 바로미터가 되는 것이다.

따라서 많은 사람들이 연설을 두려워하는 것은 당연하다. 그러나 고정관념만 버리면 두려워할 필요가 없다. 연설에 스토리텔링을 이용하면 된다. 연설이 딱딱하고 재미없는 이유는 대화에 스토리텔링을 사용하는 사람도 연설에서는 삼가기 때문이다. 그러다 보니 연설 내용이 딱딱해져 말에 감칠맛이 없어진다. 그런 말은 듣는 사람의 졸음을 부른다. 또한 스토리텔링을 사용할지라도 방법이 너무 서툴고 장황하면 지루해질 수 있다.

연설에서 스토리텔링은 전하려는 메시지를 강화하는 장치로만 사용되어야 한다. 스토리텔링이 주가 되면 메시지가 약화돼 원하는 메시지 전달이 어려워진다. 대화에서도 마찬가지다. 전하려는 메시지를 쉽게 이해하는 장치로만 스토리텔링이 사용되어야 하는 것이다.

오바마는 모든 연설에 스토리텔링을 사용한다. 그리고 그 모든 스토리텔링은 전하려는 메시지를 강화하는 데 사용된다. 그의 방법을 벤치마킹하면 당신은 이 문제를 쉽게 해결할 수 있을 것이다. 오바마의 연설 일부에서 그 방법을 알아보자.

2008년 3월 18일 필라델피아 연설은 역사에 길이 남을 연설로 꼽힌다. 미국에서 필라델피아는 역사적 의의가 대단히 큰 곳이기도 하다. 1776년 7월 4일, 필라델피아에서 열린 대륙회의에 의해 독립선언서가 정식으로 채택되었기 때문이다. 이 일은 미국인들에게 자유를 상징하고 자부심을 키워주는 일이다. 그런 만큼 연설 장소가 필라델피아라는 것부터가 대단히 중요했다.

다음은 이날 연설 중 후반부 내용이다.

"23세의 백인 여성이 있습니다. 그녀의 이름은 애슐리 바이아. 사우스캐롤라이나의 플로렌스에서 우리의 선거운동 조직을 꾸렸습니다. 그녀는 선거 캠페인 초기부터 주로 흑인 공동체를 조직해왔습니다. 어느 날, 선거 지원 자원 봉사자들이 모여 왜 선거 캠페인에 참여하게 됐는지에 대해 이야기하는 자리가 있었는데 그녀도 끼어 있었습니다.

애슐리는 아홉 살 때 어머니가 암에 걸렸다고 말했습니다. 어머니는 어쩔 수 없이 며칠간 직장에 결근했고, 그 때문에 해고당했답니다. 당연히 건강보험도 상실했지요. 애슐리 가족은 어머니의 병 치료 때문에 파산 신청을 할 수밖에 없었고, 애슐리는 어머니를 돕기 위해 뭔가 해야만 한다고 결심했답니다.

어린아이였던 그녀는 생활비 중에서 식비가 가장 많이 든다는 것을 알고, 어머니에게 자신이 가장 좋아하는 음식은 겨자소스가 들어간 샌드위치라고 거짓말을 했습니다. 당시 그것이 가장 싸게 끼니를 때우는 방법이었거든요.

애슐리는 어머니의 병이 나을 때까지 1년 동안 그렇게 했습니다. 그녀는 토론회에 참석한 사람들에게, 자신이 선거운동에 동참한 이유는 자신처럼 병든 부모들을 돕고 싶고, 또 도와야만 하는 수백만의 어린이를 도울 수 있을 것 같아서라고 말했습니다.

애슐리는 다른 선택을 할 수도 있었습니다. 아마 그녀 주변 사람들은 그녀에게, 네 엄마가 겪는 고통은 국가가 주는 복지 혜택을 받으면서 일 안 하고 게으르게 사는 흑인이나 히스패닉 불법 이민자들 때문이라고 말했을 것입니다. 하지만 그녀는 다른 선택을 하지 않았습니다. 그녀는 부당한 일에 맞서 같이 싸울 사람들을 찾아 나섰습니다.

　애슐리는 그렇게 자신의 이야기를 끝내고, 다른 사람들에게 왜 선거 캠페인에 참여하게 됐는지 물어보았습니다. 사람들에겐 저마다 다른 사연과 사유가 있었습니다. 많은 사람이 구체적인 사안들을 얘기했습니다. 그리고 마지막으로 내내 조용히 듣고만 있던 나이 지긋한 흑인 차례가 됐습니다. 애슐리가 그 흑인에게 물었습니다. 그 흑인은 구체적인 이슈를 들먹이지 않았습니다. 건강보험이나 경제에 대해 얘기하는 것도 아니었습니다. 교육이나 전쟁에 대한 얘기도 하지 않았습니다. 버락 오바마 때문에 왔다고 말하지도 않습니다. 다만 짧게, '나는 애슐리 때문에 여기 있습니다.'라고 말했습니다.

　'나는 애슐리 때문에 여기 있습니다.' 이 말만으로, 젊은 백인 여성과 나이든 흑인 남성 간의 그 짧은 인식의 순간을 설명할 수는 없습니다. 아픈 사람에게 건강보험 혜택을 주고, 실직자에게 일자리를 주고, 우리 아이들에게 교육을 제공하는 것으로 충분치 않습니다.

　그러나 우리는 거기서 출발합니다. 우리의 통합을 더 강하게 성장시키는 지점이 바로 거기입니다. 한 무리의 애국자들이 필라델피아에서 헌법에 서명한 이래로 221년간 수많은 세대가 깨달았던 것처럼, 거기가 바로 완전한 통합의 출발점입니다."

오바마는 이처럼 자신의 메시지를 강화하는 데 누군가의 경험담을 스토리텔링으로 풀고 절묘하게 원하는 메시지로 연결한다.

그는 이날 연설 초반에 자기 자신에 관한 이야기도 했다.

"저는 케냐 출신의 흑인남성과 캔자스 출신의 백인여성 사이에서 태어났습니다. 그리고 저를 키워주신 백인 할아버지는 경제공황을 딛고 2차 세계대전 당시 패튼 군단에서 복무했으며, 할아버지가 바다 건너 전쟁터에 나가 있는 동안 백인할머니는 포트 리븐워드에 있는 폭격기 제조공장에서 일했습니다. 저는 미국에서 가장 좋다고 손꼽히는 학교를 나왔고, 세계에서 가장 가난한 나라에 산 적도 있습니다. 노예의 피와 노예소유주의 피를 함께 물려받은 흑인 미국여자와 결혼해서 그 혈통을 사랑스러운 두 딸에게 물려주었습니다. 다양한 인종의 제 형제자매와 조카들, 삼촌과 사촌들은 다양한 피부색을 지닌 채 3개 대륙에 흩어져 살고 있습니다. 저는 사는 동안, 지구상 어디에서도 저와 같은 경우가 가능하지 않다는 것을 기억할 것입니다. 이런 사연이 저를 과거의 후보자들과 다르게 만들었습니다. 미국이란 나라가 단지 그 구성원들을 모두 더한 것이 아니라, 진정으로 하나라는 생각을 제 유전인자에 각인했거든요. 우리는 선거캠페인 첫해 내내, 모든 예측을 뒤집고 미국 국민이 얼마나 이러한 통합의 메시지를 갈구해왔는지를 눈으로 확인했습니다. 저의 입후보를 순전히 인종적 렌즈를 통해 보려는 유혹에도 불구하고, 우리는 백인이 밀집한 여러 주에서 압도적인 승리를 거뒀습니다. 아직도 동맹기가 나부끼고 있는 사우스캐롤라이나에서조차 우리는 흑인과 백인의 강력한 연대를 이뤄냈습니다.

　그렇다고 이번 선거에서 인종 문제가 전혀 없었다는 것은 아닙니다. 이번 선거의 여러 국면에서, 저를 '지나치게 흑인'이라거나 또는 '흑인이라고 보기엔 충분치 않다.'고 논평한 사람들도 있었습니다. 사우스캐롤라이나 예비 선거를 앞둔 일주일 동안 인종적 긴장이 표면으로 들끓는 것도 보았습니다. 언론은 출구조사를 실시해서, 투표자의 인종에 따라 지지율이 양극화하는 최신 증거를 확보하려고도 했습니다. 단지 흑-백뿐 아니라 흑-갈색으로까지 분류하면서 말입니다. 그러나 이번 선거에서 인종에 관한 논쟁이 특히 달아오르는 것은 최근 몇 주 동안이었습니다."

오바마는 선거 초반까지만 해도 흑인들에게는 온전한 흑인이 아니라는 이유로 냉대를 받았고 백인들에게는 흑인이라는 이유로 차가운 눈길을 받아야 했다. 그러나 매번 연설에서 자기 이야기를 스토리텔링하고 미국의 통합을 주장해 흑인과 백인 양쪽의 고른 지지를 얻어냈다.

쿠바에 핵미사일을 배치하려는 소련의 시도를 단호한 해상 봉쇄로 물리친 1963년 6월 케네디는 아데나워 독일 총리와 브란트 서베를린 시장이 지켜보는 가운데 시청사 발코니에서 "나는 베를린 사람입니다. 나도 로마인의 후예거든요."라는 연설로 인기를 모았던 베를린에서도 국가간 통합을 주제로 연설했다. 베를린은 1987년 6월에는 레이건 대통령이 베를린 장벽을 바라보며 "고르바초프 서기장, 이 벽을 허물어버리세요!"라고 일갈한 연설로도 유명하다. 오바마는 2008년 5월 24일 베를린 티어가르텐 공원에서 대규모 대중연설을 하고 외교 문제에 취약하다는 비판을 잠재웠다. 이날 그의 연설을 들으려고 20만 명이 모여 들었다. 오바마는 연설에서 테러를 비롯한 인류 과제를 해결하는 데 미국과 유럽이 손을 잡자고 말해 베를린 시민들을 사로잡았다.

그의 연설이 구름처럼 청중을 몰고 다니는 비결은 적절한 스토리텔링으로 감동을 주면서 원하는 메시지를 전하기 때문이다.

다른 일에는 뛰어난 사람이 말 때문에 고민하는 이유는 스토리텔링 사용이 서툴어서다. 오바마처럼 연설에서 적절한 스토리텔링을 사용하면 이 문제를 쉽게 해결할 수 있을 것이다. 앞에 소개한 오바마의 연설처럼 스토리텔링을 자신이 전하려는 메시지에 결합하는 방법은 알고 보면 그리 어렵지 않다. 당장 시도해보기 바란다.

리더다운 목소리는
공들여 만들어야 한다

오바마의 연설에는 음악과 같은 리듬감이 있습니다

현대인에게 목소리는 대단히 중요하다. 대화에서 목소리가 차지하는 비중이 높기 때문이다. 예를 들어보자. 사람의 목소리가 너무 크면 같은 말이 협박으로 들릴 수 있다. 칭찬을 하는 데에도 비난이나 지적으로 알아들을 수 있는 것이다. 그러니 목소리가 큰 사람이 옆에 있으면 혹시라도 내게 말을 붙일까봐 슬슬 피하고 싶어진다. 큰 목소리로 위협적으로 말을 하면 사람들은 겁부터 나게 되며 솔직하게 말하기 싫어진다. 목소리가 가져오는 카리스마에 눌려 대화를 회피하게 만드는 것이다.

그렇다고 목소리가 너무 작아도 문제다. 카리스마가 부족해 보여 얕보일 수 있다. 그리고 상대방의 말을 한 번에 알아들을 수 없으면 당황한다. 나중에는 짜증이 나기도 한다. 그리고 점차 존경심이 사라질 것이다. 목소리가 너무 작거나 발음이 말려들면 상대방은 "다시 한 번 말씀해주십시오."라고 말하기 어렵다. 한 번은 가능해도 두 번은 힘들다. 그래서 웬만하면 못 알아듣고도 알아들은 척하고 넘어가려고 한다. 중요한 말이 아닐 때에는 그런 식으로 넘어가도 되지만, 중요한 지시였다면 일이 잘못 되기 쉽다. 그러다 문제가 터지면 책임 소재를 가리느라 옥신각신해야 한다. 서로 진위를 따지느라 피곤할 뿐만 아니라 상대가 미덥지 않아 보일 것이다. 즉 인간관계가 훼손될 수 있는 것이다. 빌 클린턴, 토니 블레어, 자크 시락 같은 정치인들뿐만 아니라 빌 게이츠, 워렌 버핏, 잭 웰치 같은 경영인에 이르기까지 성공한 사람들이 모두 목소리가 좋은 이유는 그 때문이다.

당신의 목소리가 좋은 편이 아니라고 해서 너무 걱정할 필요는 없다. 목소리는 훈련하면 바뀐다. 바꿀 의지만 있다면 매일 약간의 노력으로 지금의 목소리를 훨씬 매력 있게 바꿀 수 있다. 조수미 같은 성악가도 학창 시절에는 하루 종일 발성 연습을 해서 지금의 목소리를 만들었다지 않은가? 목소리는 신체의 일부이기 때문에 훈련하면 변한다. 성악가처럼 맹연습을 하라는 것도 아니다. 골프하는 시간을 조금만 할애해도 충분하다.

목소리 교정 훈련은 아주 간단하다. 당신이 기독교인이라면 주기도문, 불교인이라면 다라니경 또는 관세음보살, 종교가 없다면 '저 뜰에 콩깍지 깐 콩깍지인가, 안 깐 콩깍지인가?' 와 같이 어릴 때 읊

조리던 재미있는 문장 하나를 골라 하루 15분 정도 반복해서 배에 힘을 주고 입을 최대한 크게 벌려 한 자 한 자 큰소리로 또박또박 외우는 연습을 하면 된다. 이런 연습만으로도 성량이 풍부해지고 답답하게 기어드는 소리가 밖으로 터지게 만들 수 있다.

버락 오바마의 연설이 인기 있는 이유는 내용도 귀에 쏙쏙 들어오지만 목소리가 좋아 더 멋지게 들린다. 그래서 그가 연설만 하면 사람들이 구름처럼 모여 화제를 모았다. 그의 연설은 음악처럼 들려 들을수록 기분이 좋아진다는 평가도 받았다. 평론가들로부터 "존 F. 케네디 이후 가장 훌륭한 정치 연설."이라는 극찬을 받기도 했다.

오바마의 목소리는 탁 트이고 시원하다. 강약 · 고저가 아름다운 멜로디를 이룬다. 이것은 연설의 신뢰성을 높이는 중요한 역할을 한다. 영스타운주립대 커뮤니케이션 전공인 조지 매클라우드George Macloud 부총장은 "오마바의 연설에는 음악과 같은 리듬감이 있다."고 말했다. 그는 "흑인의 천부적인 리듬감에서 나온 것으로 백인 정치가는 따라 할 수 없다."고 말했지만 연습하면 그런 멜로디도 만들 수 있다. 또한 그는 오바마를 100년에 한 명 나올까 말까 한 웅변가라고 극찬했다.

힙합그룹 '블랙 아이드 피스Blackeyedpeace'는 오바마의 연설을 리듬만 살려 랩으로 만들기도 했다. 이 그룹은 오바마가 연설마다 반복적으로 사용하는 말 "Yes, We Can."을 가지고 랩을 만들었는데 유튜브에서 일주일 만에 1,000만 건이 넘는 클릭 수를 기록했다. 이 노래는 민주당에서 시켜 만든 것도 아니고 단지 래퍼의 감각으로 만든 것이다. 그들은 오바마의 연설을 그대로 랩으로 따와 멜로디를 입혔을 뿐 코러스도 없다. 오바마의 말 그자체가 랩 못지않은 리듬을 가져서인 것이다. 이 노래를 널리 전파한 것은 레코드 회사도, 선거진영도 아니었다.

앞에서도 말했듯 오바마가 미국 정계에서 급부상한 것은 연설 능력 덕분이다. 그의 연설은 내용뿐만 아니라 말을 담는 그릇인 목소리에서도 탁월하다. 거기다가 말의 의미를 보완해주는 제스처와 비언어적 기술도 호소력이 높다. 「시카고 선타임스」는 "오바마는 연설을 하면서 손가락을 약간 펴고 손을 내밀면서 연설하는데, 이것은 말하는 사람과 듣는 사람이 하나가 된다는 느낌을 줄 수 있다는 점을 알고 활용하는 것이다."고 분석했다. 오바마는 또한 청중에게 집중하고 있다는 점을 강조하기 위해 청중 한 명 한 명과 눈을 맞추기도 한다. 피츠버그대학의 정치커뮤니케이션 교수 제럴드 슈스터 Gerald Schuster 는 "오바마는 연단에 올라가면 청중을 훑어보고 각기 다른 상황에 적응하는 능력을 가지고 있다."는 평가를 했다.

연설은 하나의 퍼포먼스다. 음악이나 춤과 비슷하지만 장식보다는 내용으로 승부하는 것이다. 연설은 내용으로 승부하기 때문에 내용을 보완하는 몸짓과 목소리 등을 적극 활용하는 것이 좋다.

이것은 연설에서 뿐만 아니라 대화에서도 마찬가지다. 좋은 목소리와 친근감을 주는 제스처는 대화의 의미를 강화해준다. 만약 당신이 기업의 경영자일 경우 직원을 격려하면서 낮고 부드러운 목소리로 눈을 지그시 바라보며 상대방의 어깨에 손을 얹고 말하는 것과 밋밋하게 그냥 서서 새된 목소리로 말하는 것은 전혀 다른 의미로 전해지는 것이다.

목소리는 훈련하면 되고 제스처는 의도적으로 사용해 몸에 배게 하면 된다. 리더에게 가장 필요한 덕목이 언변인데도 이런 사소한 노력을 귀찮아하며 미룬다면 스스로 리더십을 무너뜨리고 있는 것과 같다. 당신이 정말로 리더다운 리더십을 발휘하고 싶다면 말 잘하는 사람들의 노하우를 눈여겨보고 따라해보는 정도의 노력쯤이야 기꺼이 할 수 있어야 한다.

+ 6장

약점을 미리 고백해
공격을 차단한다

재수 없는 일을 재수 있는 일로 만든다

정말 재수 없는 일 아닌가요?

　세상에 약점 없는 사람은 없다. 세계를 지배하는 리더에게도 절대로 공개하기 싫은 약점이 있는 법이다. 미국의 작가 마크 트웨인Mark Twain은 "우리는 달과 같아서 타인에게 보여주지 않는 어두운 면을 가지고 있다."는 말을 했다. 그런데 리더는 공개하기 싫은 약점도 공개해야 할 때가 많다. 어두운 면을 감추었다가 들키면 영락없이 언제 어디서 적에게 공격의 빌미로 사용될지 모른다. 요즘에는 첨단 기기 발달로 정보 공개가 쉬워져 더욱 위험하다. 리더라면 당연히 리더십을 훼손시킬 만한 약점은 감추고 싶겠지만 그 마음을 바꾸어야 한다. 감추었다가 공격의 빌미가 되어버리면 변명의 여지조차 주어지지 않는다. 그들이 하는 이야기대로 약점의 내용이 가공된다. 그러나 약점도 먼저 공개하면 강점으로 만들 수 있다.

따르는 사람이 많은 큰 위치에 있을수록 자리를 노리는 적이 많기 마련이다. 적은 항상 가장 어두운 것들을 찾아내 독하게 공격해서 한 방에 승리를 취하려고 한다. 열 명이 지켜도 도둑 한 명을 잡을 수 없다는 말이 있듯 무슨 수를 써서라도 찾으려 들면 감추고 또 감추어도 사람의 약점은 드러나기 마련이다 요즘처럼 정보 수집이 용이한 시대에는 더욱 그렇다. 이제는 약점을 감추려고 할 것이 아니라 약점을 부끄러워하지 말고 당당하게 공개해 강점으로 만들어야 한다.

버락 오바마는 정치가로 자라는 데 결정적인 약점이 생겼다. 미국인들을 경악에 빠지게 한 테러리스트 오사마 빈 라덴과 이름이 비슷했던 것이다. 게다가 그의 중간 이름은 축출된 이라크의 대통령 후세인과 같다. 대중이란 이름만 비슷해도 비슷한 이미지를 연상한다. 오사마 빈 라덴의 출현은 충분히 정치 신인이었던 버락 오바마를 절망으로 빠트릴 수 있었다.

그러나 그는 약점을 피하거나 붙들고 걱정만 하지 않고 정면 돌파해 거뜬히 극복했다. 자기의 치명적 약점에 대해 우물쭈물하지 않고 미리 키워서 널리 알린 것이다. 치명적인 약점일수록 남들이 먼저 찾아내면 해명 기회조차 주어지지 않고 제멋대로 확대 재생산된다. 발견한 사람들이 만든 이미지가 날개를 달고 널리 퍼진다. 그러나 자신이 먼저 끄집어내 공개하면 그것이 약점이 된 이유를 충분히 설명할 수 있다. 그 설명은 약점을 강점으로 뒤집는 힘을 가졌다. 오바마는 이름에 대한 걱정을 남들이 뭐라고 하기 전에 자기 이름에 대해 설명하는 것으로 극복했다.

그러나 2001년 9·11 사태 주범의 이름이 오사마 빈 라덴이라고 하자 그가 당황했던 것이 사실이다. 그 당시에 막 지방의원으로 활약하던 그는 미국인들의 정서로 보아 자기 이름으로는 다음 선거에서 이기기 어렵다고 판단했다. 그뿐 아니라 정치가로 성장하는 데도 큰 걸림돌이 된다는 것을 알았다.

9·11 사태 후 미국인들은 거의 신경질적으로 오사마 빈 라덴 이름에 치를 떨었다. 테러 사건도 사건이지만 잡힐 듯 잡히지 않는 그의 존재가 미국인들의 자존심을 여지없이 깔아뭉갠 것이다. 그런 미국인들의 정서로 보아 비슷한 이름을 가진 오바마의 이미지는 바로 테러리스트를 연상하게끔 하기에 충분했다. 그런 국민들의 정서를 아는 오바마는 테러 주범 이름이 오사마 빈 라덴으로 밝혀지는 순간 자기도 모르게 "정말 재수 없는 일 아닌가?"라고 말했다고 한다. 비서들은 그 당시 오바마의 얼굴이 하얗게 질렸었다고 말했다고 한다.

다음 날 그는 그날의 기분을 "연기자나 운동선수가 거의 일생을 걸고 연습하고 훈련해왔는데 막 출연하기로 약속된 프로그램이 없어지는 것 같은 느낌"이었다고 표현했다. 그러나 그는 좌절하지 않고 해결책을 찾았다. 연설 기회만 주어지면 이름을 설명한 것이다. "제 이름 버락은 스와질리어로 '축복받은 자'라는 뜻을 가졌습니다. 케냐 사람인 제 아버지가 지어주셨지요. 발음은 웃기지만 저에게는 정말로 소중한 이름입니다." 그의 설명을 들어본 사람들은, 그의 이름을 함부로 희화화하지 못했다. 정적들이 악용해 "오사마 오바마" 하며 놀리는 것이 재미있으면, 유권자들이 오바마의 이름을 들었을 때 바로 테러리스트를 연상할 수 있었지만 그런 일이 생기지 않았다. 그는 이렇듯 최대의 약점을 미리 방어해 위기를 넘겼다. 여기에서 자신감을 얻은 오바마는 극우파 독설가 방송인 러시 림보가 방송에서 "오사마 오바마"라고 부르는 것이 청취자들 귀에 재미있게 들리더라도 그냥 놔둘 만한 배짱이 생겼다고 한다.

오바마의 이름은 초등학교 때부터 수난을 겪었다. 하와이 호놀룰루 푸나호우 초등학교에서 만난 한 소녀는 "나는 네 이름이 베리인 줄 알았어."라고 말했다고 한다. 다른 친구들도 대부분 그의 이름을 옳게 발음하지 못했다. 미국에는 수많은 소수민족이 있지만 발음하기 어려운 이름이 약점이 되곤 한다. 아이들은 아직 남의 사정을 고려하는 것을 잘 모르기 때문에 약점을 발견하면 바로 놀림거리로 만든다. 그러나 오바마는 어렸을 때도 이름을 가지고 놀리는 친구들에게 자기 이름을 부끄러워하지 않고 이름의 의미를 설명했다고 한다. 그가 자기 이름에 대한 자부심을 가지고 있었던 것이 이름을 설명하는 것으로 위기를 극복하게 하는 힘이 되었을 것으로 보인다.

리더답게 말하려면 자신을 사랑하고 자신의 약점도 떳떳하게 생각할 줄 알아야 하는 것이다. 말은 생각의 상징이기 때문에 그런 생각 없이는 약점을 강점으로 뒤집기 어려운 법이다. 장관이 국정 감사장에서 막말을 해 망신을 사거나 해외 순방에서 북한을 자극하는 발언으로 구설수에 오르는 것에서 볼 수 있듯 말 그 자체보다 정리되지 않은 사고방식이 그 원인이라고 볼 수 있다. 당신이 기업가이건 정치인이건 약점을 강점으로 만들려면 자신의 약점도 사랑할 수 있어야 할 것이다.

가장 큰 약점을
가장 큰 강점으로 본다

연탄보다 더 까만 피부를 가진 아버지와 우유만큼 흰 피부를 가진 어머니

현대인은 약점을 강점으로 만들 줄 알아야 한다. 누구나 부유하고 너그러운 부모 밑에서 태어나는 것은 아니다. 누구나 좋은 환경과 외모를 타고나는 것도 아니다. 누구나 탁월한 재능을 타고나는 것은 더더구나 아니다. 그리고 타고난 것이 많아야 성공한 사람이 되는 것은 절대 아니다. 타고난 약점을 강점으로 바꿀 줄 알아야 한다. 치명적인 약점을 가장 빛나는 강점으로 만들 줄 알아야 더 큰 사람이 된다.

수많은 사람들이 타고난 약점을 강점으로 만들어 성공했다. 미국의 최고경영자로 인정 받아왔던 잭 웰치는 말 더듬는 약점을 머리가 좋아서 말을 빨리 하는 것으로 믿어 말 잘하는 사람이 되었고, 영국 재벌 리처드 브랜슨은 난독증으로 학력이 낮은 약점을, 히피라서 정

규 교육을 싫어한 강점으로 바꾸어 재계의 리더가 되었다. 그러나 웬만한 약점을 모두 강점으로 바꿀 수 있는 서양에서도 인종에 관한 약점은 강점으로 바꾸기 어려웠다. 오바마는 그런 인종의 약점을 강점으로 만들어 세계 최고의 지도자가 되었다. 오바마는 약점을 가장 큰 강점으로 바꿀 수 있는 사람이 최고의 리더가 된다는 사실을 증명한 것이다. 당신도 당신이 가진 최대의 약점을 강점으로 만든다면 얼마든지 커다란 리더가 될 수 있는 것이다.

오바마는 흑백 혼혈로 태어났지만 백인들에게는 그저 흑인이었다. 그래서 흑인들이 겪는 수모를 고스란히 겪었다.

"백화점에서 쇼핑할 때 경비원이 졸졸 따라다니기도 했고 음식점 밖에서 주차 관리원이 내 차를 몰고 오기를 기다리는 중에 백인 부부들이 들어설 때마다 승용차 열쇠를 나에게 건네주는 일이 많았다. 경찰 순찰차가 이유 없이 내 승용차를 갓길로 밀어붙이며 정지시킨 적도 있다."

그가 자서전에 밝힌 이야기들이다. 그렇다고 해서 흑인들이 같은 편으로 봐준 것도 아니다. 대통령 선거 무렵 한 라디오 토크쇼에서 호스트인 존 맥롤린은 흑인 패널에게 이런 식으로 질문했다.

"오바마는 오레오 쿠키와 같다고들 한다. 오바마는 겉은 검은색(흑인)이고 속은 하얀색(백인)인 오레오로 인식됐던 흑인들의 전형에 꼭 들어맞는 사람이다. 그런 오레오 같은 사람이 제시 잭슨 목사처럼 평생 민권운동에 헌신했던 흑인 지도자들이 이룬 성과의 수혜자가 된다는 사실이 잭슨 목사를 당혹스럽게 한 것은 아닐까요?"

그리고 표면적으로 오바마를 지지하고 나선 제시 잭슨 목사는 보수 성향의 폭스뉴스와의 인터뷰를 하면서 사적으로 다른 출연자에게 이야기를 나누며 "버락이 흑인들을 폄훼하고 있다."며 "그의 그곳을 잘라버리고 싶다."고 말했다. 잭슨 목사는 오바마가 흑인들의 실업률이나 재소자, 부동산 문제 같은 구조적인 문제를 도외시한 채 도덕적 문제만 언급하는 연설을 한다며 비난한 것이다. 잭슨 목사는 2007년 가을에도 오바마가 "백인처럼 행동한다."며 대놓고 비판을 했다. 잭슨 목사는 2번이나 민주당 대선 후보에 입후보 했고 마틴 루터 킹 목사의 후계자를 자처할 만큼 흑인 사회 여론을 주도했다.

오바마는 정신적 스승인 제레미아 라이트 목사마저 오바마의 미지근한 흑인 우호 정책에 불만을 품고 막말을 해 구설수에 오르기도 했다. 미국의 흑인 엘리트들은 오바마의 아버지가 아프리카 케냐 출신 외국인이고 어머니가 백인이며 엘리트 코스를 거쳤기 때문에 오바마가 미국 흑인의 고단한 생활을 모르고 있다며 진정한 흑인이 아니라고 생각했던 것이다.

오바마에게 인종 문제는 분명한 미국 출신 흑인보다 더 큰 약점이 되었다. 로이터 통신은 대선 일주일 전까지 "오바마 후보의 지지자들이 인종편견 탓에 11월 4일 대선 당일 지지율이 증발해버리는 악몽을 우려하고 있다."는 보도를 했고 ABC 방송도 오바마 지지율이 14퍼센트 앞서지만 "충분한 격차인가?"라고 보도했다.

오바마가 이처럼 큰 약점을 잠재우고 성공한 비결은 뿌리 깊은 미국의 인종 편견을 자신의 최대 약점인 흑백 혼혈인 '통합'이라는 키워드로 맞바꾼 지혜에 있었다.

"저는 케냐에서 유학 온 흑인 아버지와 미국 중서부 캔자스 출신 백인 어머니에게서 태어나 가난한 나라에 건너가서 유년기를 보냈습니다. 그런 제가 명문 대학을 나와 대통령이 되는 일은 미국이니까 가능한 것입니다. 여러분이 그런 불가능한 일을 가능하게 만드신 것입니다. 우리 미국은 백인의 미국도, 흑인의 미국도, 히스패닉의 미국도, 아시아인의 미국도 아닙니다. 우리 모두의 미국입니다. 그래서 우리는 미합중국을 만들었습니다. 통합된 나라, 통합된 마음이 미국을 미국답게 만듭니다. 우리는 그것을 해낼 수 있습니다."

오바마는 미국을 위기로 몰아넣은 9·11 테러 후유증과 어마어마한 금융 쓰나미가 분열에서 왔으며 통합만이 치유책이라는 점을 자신의 최대 약점인 인종적 복잡성을 내세우며 강조했다. 그의 그런 설득은 미국인들의 가슴을 울렸고 그의 최대 약점인 흑백 혼혈이 백인도 흑인도 아닌 회색인이 아니라 백인과 흑인을 아우르는 통합을 상징하게 만들었다.

리더십은 치명적 약점을 빛나는 강점으로 바꾸는 힘에서만 나온다. 형편없이 무너진 전쟁터에서, 모든 것이 사라진 폐허에서, 전염병으로 초토화된 유령 마을에서 오히려 기회가 왔다고 외칠 수 있는 힘에서 나오는 것이다. 리더가 외치는 이런 말은 따르는 사람의 마음에 희망의 등불이 되어준다. 그 어떤 무서운 전쟁과 폐허와 전염병도 극복하는 힘이 되어준다.

요즘 전 세계적으로 엄청난 경제위기를 맞았다. 뛰어난 지도자들도 "괜찮다."고 말하는 사람들이 드물다. 대부분 "큰일이다."고 말한다. 그러나 진정한 지도자는 이럴 때 당당하게 "괜찮다. 우리는 할 수 있다."라고 말할 줄 안다. 지도자의 그런 말이 따르는 사람들에게 위기를 극복할 힘을 만들게 하는 것이다.

리더인 당신이 그런 당당한 마음, 어떤 약점도 강점으로 만들 수 있다는 믿음을 가질 때 위기를 기회로 바꿀 수 있는 것이다. 오바마는 가장 치명적인 약점을 가장 빛나는 강점으로 바꾸어 말할 때 리더십이 더욱 강화된다는 중요한 교훈을 남겼다.

치명적인 실수도
솔직하게 시인하라

청년 시절에 코카인도 해봤습니다

리더라고 실수가 없는 것은 아니다. 실수가 리더십에 치명적 타격을 주는 것은 사실이지만 실수도 관리를 잘하면 오히려 리더십을 강화하는 힘이 된다. 사람은 누구나 실수를 할 수 있다는 것을 안다. 그래서 리더가 한 치명적 실수도 제때 고백하고 용서를 구하면 용서를 받는다. 그러나 실수를 감추고 변명하거나 미화하면 용서를 받을 수 없다.

리더라면 당연히 치명적인 실수를 감추고 싶을 것이다. 자기 자리를 위협할 만한 실수라면 밝혀질까봐 전전긍긍하기 마련이다. 그러나 리더일수록 실수를 감추기가 어렵다. 누군가가 밝혀내게 되어 있다. 리더일수록 숨기고 싶은 실수를 미리 고백하고 용서받는 것이 현명하다. 한때 우리나라 사회 저명 인사들 중 많은 사람들이 학력 위조 문제에 연루되었다. 가난 때문에, 청소년기의 반항심 때문에, 또는 다른 이유로 제때 학력을 쌓지 못했는데 리더가 되고 보니 그 점을 밝히기 부끄러워 적당히 학력을 높인 사람도 있었고, 더 높은 직위를 얻으려고 슬그머니 학력을 높인 사람도 있었다. 그런데 그들 중 끝까지 그런 사실을 숨긴 사람들은 남들에게 발각돼 더 많은 비난을 받았다. 미리 자신의 실수를 고백한 사람은 조용히 여론의 돌풍을 피할 수 있었다.

미국의 공직자 선거 출마자들은 과거 전력까지 모두 해부당한다. 어린시절의 인성까지 다 검증을 받는데, 용서 받기 어려운 실수 중 하나가 마약 복용 문제다. 미국에서 마약 문제는 인종 문제 다음으로 민감하다. 그런데 오바마는 청년시절 대마초 같은 마약 복용 실수도 저질렀다. 미국에서 대통령 후보가 청년시절에 마약 복용을 했다는 것이 얼마나 심각한 문제가 될 수 있는지, 1992년 민주당 클린턴 대통령 후보의 사례에서 알 수 있다.

그는 언론에서 청소년기의 대마초 흡연 문제를 묻자 "나는 대마초를 입에 물기는 했지만 흡입하지는 않았다."는 말로 비켜갔다. 그 정도로 민감한 마약 문제에서 오바마는 10대 때에 대마초를 흡입했을 뿐만 아니라 코카인도 했던 것이다. 오바마는 타고난 약점인 인종 문제뿐만 아니라 치명적 실수인 마약 흡입 문제까지 안고 있었던 것이다.

「뉴욕」지 존 헤일리만 기자는 오바마의 인기에 급상승에 대해 "그가 만들어낸 흥분은 이슈에서 비롯되는 것이 아니다. 스타일의 문제다. 유권자들이 그가 흡연자라는 사실 같은 것을 더 알게 되면 그 인기가 얼마나 오래갈까?"라고 말했다. 헤일리만 기자가 말하는 흡연은 담배를 포함한 청소년기의 대마초 흡연을 말한 것이다. 그러나 오바마는 2006년 12월 〈제이 리노 쇼〉에 출연해 사회자가 "흡연을 하냐?"고 묻자 "그렇다."고 대답했다. 당연히 사회자 제이 리노는 담배가 아니라 대마초 흡연에 대해 질문한 것이었다.

제이 리노는 "입에만 물고 흡입하지는 않았다"라고 했던 클린턴식의 절묘한 대답이 싫다는 듯 직설적으로 "흡입했느냐?"고 물었다. 그러자 오바마는 망설이지 않고 "바로 그겁니다."라고 대답했다. 오바마는 자서전에도 주변의 만류를 듣지 않고 마약 복용 부분을 삭제하지 않았다. 그는 자서전에 대마초뿐 아니라 코카인도 해보았다고 고백했다. 그리고 연방 상원의원 선거 유세에서 "나보다 어려운 환경에 놓인 젊은이들이 실수를 할 수도 있고 그럼에도 불구하고 회복될 수도 있음을 안다."고 말했다. 그리고 이 문제가 이슈화될 것을 우려하는 참모들에게 이렇게 말했다.

"지금 내 삶의 단계에서 내 삶은 문자 그대로나 비유적으로나 펼쳐진 책이다. 유권자들은 내가 10대 때 한 바보 같은 짓들이 그 이후로 내가 해왔던 일들과 관계가 있는지 없는지를 현명하게 판단할 수 있을 것이다."라고 말했다.「워싱턴 포스트」지의 기자단들은 "적의를 가라앉히는 오바마의 솔직함이 그의 청년기 마약 흡입 사건을 끝난 일로 만들었다."고 논평했다. 이와 비교되는 사람이 있다. 공화당 부통령 후보 세라 페일린Sarah Palin은 실수를 인정하지 않고 핑계를 대등장할 때의 인기를 유지하지 못하고 반짝 인기로 끝나고 말았다. 세라 페일린의 첫 실수는 선거 두 달을 앞두고 옷과 장신구 구입에 공화당 돈을 약 2억 원이나 쓴 것으로 밝혀지자 이를 솔직히 시인하지 않고 우물쭈물 한 것이다. 그녀는 10월 26일 플로리다 주 탬파 유세에 나와 "논란이 됐던 옷들은 조명이나 무대처럼 공화당 전국위원회가 구입한 것일 뿐 내 물건은 아니다."라고 변명하고 "나는 그 옷들을 입지 않을 것이며 앞으로는 알래스카 앵커리지의 단골 가게에서 구입한 내 옷을 입겠다. 지금 입고 있는 코트는 내 것이며, 귀걸이도 시어머니가 주신 것이다. 결혼반지 역시 하와이에서 직접 구입한 35달러짜리."라며 자신의 검소함을 부각시키려고 했다. 하지만 이러한 노력이 오히려 역효과를 냈다. 대변인까지 나서 "논란이 됐던 의상의 3분의 1은 지난 9월 전당대회 후 반납했으며 나머지 의상도 별로 입은 적이 없다."며 "페일린은 선거 기간에 대개 자신의 옷을 입는다."고 말했지만 여론은 잠들지 않았다. 이 일 이후 오히려 매케인 진영과 내홍을 겪었다. CNN은 매케인 진영이 "페일린의 품행이 불량해졌다."며 노골적으로 불만을 표시했다는 보도까지 했다. 매케인측 한 인사는 "페일린은 우리와 어떠한 신뢰관계도 없다. 페일린은 자신을 공화당의 차기 주자로 생각하고 있으며, 그런 자신의 미래를 위해 뛰고 있는 것."이라는 불만을 털어놓았다고 한다.

두 사람의 행적을 비교해볼 때 리더가 실수를 어떻게 매니지먼트 해야 하는가에 대한 답은 확실하다. 감추는 것만이 능사는 아니라는 것이다. 실수가 알려졌을 때 타격이 클 것 같으면 미리 고백하고 용서를 구해야 한다는 것이다. 좀 더 영리한 방법은 그 실수를 통해 배운 교훈을, 다른 사람과 나눌 수 있는 말을 개발하는 것이다. 그 방법은 오바마의 사례에서 어렵지 않게 배울 수 있을 것이다.

＋7장

부정적인 일도
긍정적으로 말한다

적에게도 잘한 일은 칭찬한다

부시를 나쁜 사람이라고 생각하지 않습니다

리더들은 승부욕이 강한 편이다. 승부욕은 사람을 편협하게 대하게 만들 수 있다. 편협한 대접은 적대감을 고조시킨다. 적대감이 커지면 리더십은 공격당한다. 적이 많아지면 리더를 더 편협하게 만들고 이것은 악순환 된다. 리더는 더욱 쫓기게 된다. 결국 리더의 자리에서 내려오게 된다. 운동 경기에서도 이기는 팀은 여유와 유연함을 잃지 않는다. 리더 역시 쫓기는 기분으로는 경쟁에서 이길 수 없다. 리더가 쫓기면 막말이나 어처구니없는 실수로 리더십을 잃는 것이다. 승부에 집착한 나머지 세상을 편협하게 보면 그런 함정에 빠질 수 있다.

강력한 리더십은 편협한 공격에서 오는 것이 아니다. 관대한 용서에서 온다. 당신이 상사인데 잘못을 저지른 부하 직원을 닦달하기만 한다면 그들은 절대로 당신에게 헌신하지 않을 것이다. 당신이 정치인인데 승부에 집착해 경쟁자를 무조건 깎아내리면 유권자들은 물론 측근들도 등을 돌릴 것이다. 당신이 음악, 미술, 문학, 연예 오락계의 리더인데 경쟁자를 폄하하면 당신 작품이 주는 고귀함이 형편없이 깎여 당신의 작품마저 실망스러워질 것이다. 그러나 당신이 경쟁에서 페어플레이 하고 경쟁자도 인간적으로 대하면 당신을 바라보는 사람들의 존경심을 얻어 당신의 리더십이 더욱 탄탄해질 것이다.

사회 지도층을 많이 만나는 편인 나는 정말로 많은 인사들이 경쟁자를 깎아내리는 것을 많이 본다. 노골적으로 깎아내리느냐 은근히 추켜올려주는 척하면서 깎아내리느냐의 차이만 있을 뿐 대부분 놀랄 만큼 야비하게 깎아내린다. 아주 가끔, 경쟁자의 장점만은 높이 산다는 분을 만나면 보석을 발견한 듯 반갑다.

오바마의 리더십은 적에게도 좋은 점이 발견되면 칭찬할 줄 아는 데서 나온 것이다. 오바마는 경쟁자라 할지라도 그가 가진 장점은 인정해주었다. 경쟁자가 한 안 좋은 일에 대해서는 무섭게 비판했지만 말이다.

오바마는 민주당 연방 상원의원 당선 후 정적이라고 할 수 있는 공화당 소속의 부시 대통령을 두 번이나 만났다고 한다. 그 만남에서 부시 대통령이 호감 가는 인물이라는 것을 알았다고 고백했다. 부시 대통령은 평소에는 지방 대로변의 자동차 대리점 주인처럼 보여 좋았다고 말하고 다닌 것이다.

하지만 부시 행정부의 실책은 무섭게 비판했다. 특히 부유층을 위한 감세 정책, 이라크 침공 등은 누구보다 강하게 비판했다. 그러나 사석에서는 부시 대통령이 나쁜 사람은 아니라고 말했다. 오바마는 부시 대통령과 그의 각료들도 나름대로 조국을 위해 최선책이라고 생각하는 일을 수행하려고 애쓰고 있다고 말해 민주당 중진들마저 어리둥절하게 만들기도 했다.

오바마는 자서전에서 "나는 그들이 내세운 제반 정책들이 잘못되었다고 생각할 때나, 그들이 그런 정책에 책임져야 한다고 큰 목소리로 주장할 때에도 그들과 나에게는 공유하는 가치가 있고, 그들의 동기를 이해할 수 있다는 것을 깨닫는다."고 고백하기도 했다. 그는 정치적 이해가 첨예한 워싱턴 정가에서 다른 정치인들이 자신처럼 정적을 좋게 말할 수 없는 현실을 이해한다면서 말 한 마디도 그냥 흘러가는 법 없이 충분히 악용될 수 있는 곳이 워싱턴이지만 근본적으로 자기와 다른 가치관이 무조건 나쁜 것만은 아니라고 생각한다는 의견만은 분명히 했다. 오바마는 항상 경쟁자 간에도 조금만 마음을 열면 서로의 공통점을 더 많이 보게 된다고 주장했다.

그는 자서전에서 쟁점을 제기할 때 공유하는 핵심 가치를 따지지 않아 대립과 갈등이 커진다는 말도 했다. 미국의 커뮤니케이션 전문가 조셉 그레니Joseph Grenny는 자신의 저서 『결정적 순간의 대면』에서 2008년 하반기에 쓰나미처럼 밀려온 초유의 금융 위기 역시 소통 부재에서 온 것으로 보았다. 월스트리트 내의 전문가들도 월스트리트가 대화를 거부하고 종사자들에게 "다른 데서 하는 것을 무조건 따라 하라."는 지시만 해서 문제를 더욱 악화시켰다고 했다. 예컨대 다른 금융사가 카드를 팔면 무조건 카드를 팔고 다른 금융사가 서브 프라임 모기지론을 팔면 무조건 그것을 팔도록 지시만 했을 뿐 현장의 소리를 들으려고 하지 않아 문제를 키웠다는 것이다.

갑자기 밀려온 초유의 경제 위기를 소통의 부재로 보는 시각이 우세할 때 오바마는 적과도 대화하는 자세를 보여 유권자들은 물론 투표와 관련 없는 해외 사람들에게도 인기를 얻었다. "당신이 투표할 수 있다면 누구에게 하겠는가?"에 중국과 남미는 70퍼센트가 넘는 사람들이 오바마를 선택했다.

경쟁자를 무조건 폄하하지 않고 일과 사람을 분리해서 바라보면 경쟁자의 강점과 약점 찾기가 더욱 쉬워진다. 올림픽에서 선수들에게 내리 금메달을 따게 만든 여자양궁의 임형철 감독은 한 라디오 강좌에서 암 투병 중에도 선수들이 절대 자만하지 않고 상대팀의 강점과 약점을 바라보게 한 것이 주요 성공 요인 중 하나라고 말했다. 북경 올림픽에서도 우리 선수들이 중국 응원단의 야유와 함성에 짓눌리지 않고 활 쏘는 데에만 집중할 수 있었던 것은 경쟁자를 무조건 미워하지 않고 사람과 실력을 떼어놓고 보는 눈을 키운 덕분이었던 것이다.

당신도 리더십을 더욱 키우려면 경쟁자가 미워도 무조건 비난하지 말아야 한다. 그가 하는 일과 그 사람을 분리해서 바라보면 그럴 수 있을 것이다. 당신이 기업 리더라면 타 부서, 타 회사를 무조건 깎아내리지 말고 그들을 객관적으로 바라보라. 그러면 그들의 장점을 말할 만큼의 포용력이 갖추어질 것이다. 경쟁자를 객관적으로 바라보는 눈이 따르는 사람들의 존경심을 이끌어낼 수 있다. 존경받는 사람은 저절로 리더십을 강화할 수 있다. 만약 당신이 정치 리더라면 반대당의 정책을 무조건 욕하고 비난하지만 말고 그들이 잘한 일, 그들의 수고 등은 칭찬할 줄 알아야 더 많은 국민들의 신뢰를 얻고 더 많은 지지를 받을 수 있는 것이다. 권력을 잡은 후에도 이미 실권을 잃은 경쟁자를 괴롭히는 것 역시 사람들은 좋게 보지 않는다. 진정한 지도자는 경쟁자의 지나간 잘못 정도는 용서하고 포용할 줄 알아야 한다고 믿기 때문이다.

말꼬리 대신
가벼운 농담으로 응수한다

우리 아버지가 지어준 이름이 저 인간(That one)인 줄은 몰랐습니다

리더십은 대개 혀 때문에 무너진다. 간단한 말실수는 물론 상대편의 말실수를 물고 늘어지는 일로 구설수에 오르다가 리더십이 무너지는 것이다. 리더에게는 한 치의 말실수도 허용되지 않는 셈이다. 자신이 원치 않아도 한 번 뱉은 말은 여기저기에서 부풀려져 엉뚱한 의미로 확대 재생산되기 때문이다. 금융 위기를 맞아 우리나라 관료들은 외신 핑계를 많이 댔지만 외신은 오보를 내보낸 것이 아니라 우리나라 경제 관련 관리들의 입에서 나온 말을 토대로 기사를 쓴 것이다. 그들의 말 한 마디가 국가 경제를 흔들었다 놓았다 하는 것을 우리는 너무나 실감나게 지켜보았다.

그렇다고 경쟁자의 말실수를 가벼이 여길 수도 없다. 잘못 대응하

면 기정사실로 굳어져 낭패를 당할 수 있기 때문이다. 이 사실을 잘 아는 사람들은 상대방의 말실수에 민감해진다. 때로는 품위를 잃고 말꼬리를 잡고 늘어진다. 이 역시 좋은 방법은 못 된다. 지켜보는 사람들은 말실수를 한 사람보다 말꼬리 잡는 사람을 더 미워하기 때문이다.

그러나 제아무리 조심해도 말실수는 피해갈 수는 없는 법. 때로는 경쟁자를 골탕 먹이려고 고의로 말실수를 할 수도 있고 무의식적으로 의도하지 않은 말로 실수를 할 수도 있다. 그러나 지위가 높은 사람이 되려거나 자기 분야에서 크게 성공하려면 자신의 말실수는 물론 경쟁자의 말실수도 현명하게 관리해야 한다.

우리는 정치판을 통해 말실수가 어떤 파장을 일으키는지 쉽게 알 수 있다. 정치판은 말로 자신을 돋보이게 하고 남을 깔아뭉개 이익을 챙겨야 하는 곳이기 때문이다. 특히 정치에는 수많은 사람들의 민생이 걸려 제아무리 좋은 정책을 펴도 그 수많은 사람들이 이해할 수 있도록 잘 포장해서 전달하지 못하면 소용이 없다.

또한 자신을 폄하하고 자신의 정책을 왜곡시키는 경쟁자의 말도 바로 바로 방어해야 한다. 그러나 이러한 정치판도 지켜야 할, 말의 '마지노선'은 분명히 있다. 이 선을 넘으면 바로 흑색선전이 된다. 흑색선전은 지지자들을 염증 나게 해서 경쟁자만 구렁텅이에 빠트리는 것이 아니라 자기 자신도 같이 굴러 떨어지게 한다.

사실은 정치판에서만 말실수가 리더십을 훼손하는 것은 아니다.

그 밖의 조직에서도 말이 지켜야 할 선을 넘으면 따르는 사람들이 멀어지게 된다. 따르는 사람이 등을 돌리면 리더십은 물거품처럼 사라진다. 당신이 어느 쪽의 리더이건 리더의 품위를 잃지 않고 말실수를 만회하거나 반박하려면 말꼬리 잡기는 그만두어야 한다. 말꼬리 잡을 일이 있으면 유머로 대응하는 것이 훨씬 효과적일 것이다.

유머가 어렵다면 2008년 미국 대선에서 사용한 오바마와 매케인의 방법을 벤치마킹해보라. 두 사람은 대선을 앞두고 세 차례의 TV토론을 치렀다. 세 번 다 오바마가 매케인 후보를 이겼다는 분석이 나왔다. 매케인은 마지막인 3차 TV토론에서 이를 만회하려고 많은 노력을 했다. 그 결과 "미스터 오바마, 나는 부시 대통령이 아니오. 당신이 부시 대통령의 정책에 반대하고 싶으면 4년 전으로 되돌아가 보시던가."라는 재치 있는 응수로 1차와 2차 토론에 비해 다소 나은 평가를 받기도 했다.

3차 TV토론이 있은 다음 날은 우연히 뉴욕의 월 도프 아스토리아 호텔에서 열린 한 자선행사에 둘 다 참석했다. 선거를 얼마 안 남긴 상황에서 경쟁자를 말로 깎아내릴 수 있는 절호의 기회였다. 그러나 두 사람 모두 경쟁자를 깎아내리는 대신 상대방을 소재로 농담을 주고받아 청중들을 즐겁게 했다.

때가 때인 만큼 두 사람의 말은 농담까지 포함해서 단 한 마디도 그냥 지나칠 수 없었다. 오바마는 그런 기회를 절묘하게 이용했다. 여기서는 매케인도 지지 않았다.

먼저 매케인이 연설을 했다. 그는 전날 있었던 3차 TV토론에서 자신이 화젯거리로 만든 '배관공 조'를 거론하면서 "그를 믿고 내 참모들을 모두 해고했다."는 재치 있는 농담을 해 배관공 조가 가공인물이라는 비난을 잠재웠다. 2차 토론에서 오바마 후보를 "저 인간(That one)"이라고 한 말실수에 대해서도 "오바마는 별로 신경 쓰지도 않을 것이다. 사실 오바마도 나를 '조지 부시'라고 부르지 않느냐?"고 말해 청중들이 폭소를 터뜨리게 했다.

자신의 말실수들을 변호하면서 자신을 부시 대통령과 같은 선상에 놓으려고 하는 오바마 후보를 가볍게 한 방 먹였다. 그는 또한 "오바마 상원의원은 새로운 역사를 만든다고 주장한다. 그는 이미 많은 역사를 이뤘다. 흑인을 백악관에 초대한 것만으로도 논란이 되던 시절이 있었지 않은가? 경쟁자인 그에게 행운을 빌어줄 수는 없지만 끝까지 잘 해내기를 바란다."는 덕담도 했다.

말로는 매케인보다 한 수 위인 오바마 역시 이 기회를 적절히 잘 이용했다. 그는 매케인 후보의 '저 인간(That one)' 논란에 대해 "내 이름 버락을 우리 아버지가 지어줬다는 것은 많은 분들이 알고 계시지만 스와힐리어로 '저 인간'이라는 뜻인지는 몰랐을 것."이라고 말했다. 그리고 이슬람을 연상시키는 미들 네임 '후세인'에 대해서도 "그 이름을 지어준 사람은 아마 내가 미국 대통령 선거에 나갈 것을 예상하지 못했던 모양"이라는 농담을 건네고 "내 장점은 겸손한 것이며 단점은 지나치게 멋진 것"이라고 농담을 해 폭소와 큰 박수를 받았다.

　오바마는 마지막으로 매케인 후보가 해군에 복무하면서 베트남전에 참전해서 포로가 되어 고통 받은 일을 언급하며 조국에 대한 헌신을 높이 평가하는 말을 했다.

　우리나라 정치가들이 이 두 사람만큼 여유 있게 타인의 말실수를 꼬집거나 자기 방어를 할 수 있다면 우리나라 국민들이 정치를 바라보는 눈이 크게 달라지지 않을까? 기업 안에서도 부하 직원의 작은 실수를 질타하거나 비난하기보다 뼈는 있지만 애교 있는 농담과 덕담으로 덮을 줄 아는 리더가 많다면 개인의 리더십은 물론 우리나라 기업 경쟁력도 엄청나게 커질 것이다.

　당신이 만약 정치와는 무관하지만 직장의 관리자, 조직의 리더, 또는 한 집안의 가장이라면 선을 지키면서도 아랫사람을 꾸짖을 수 있는 멋진 말이 많다는 것과 그 멋진 말들이 리더십을 더욱 높여준다는 사실을 오래 오래 기억하며 실천하길 바란다.

어두운 현재가 아니라
밝은 미래를 말하라

'4년 전보다 못 사는가?' 가 아니라
'4년 후 더 잘 살 수 있는가' 를 보고 투표해주십시오

리더는 반드시 잘잘못을 가려야 할 상황에서도 어두운 현재에 초점을 맞추어 말해서는 안 된다. 고통스러운 현재에 대한 잘잘못은 될 수록 간단히 짚고 초점을 밝은 미래로 가져가야 한다.

사람은 희망만 있으면 지독한 현재의 절망도 견딜 수 있는 법이다. 사람들에게는 지금의 고통이 누구 때문에 일어났는가를 가리는 것이 중요한 것이 아니다. 내일은 오늘의 문제가 다 사라지고 희망이 올 것인가가 더 중요하다. 인간은 제아무리 힘들어도 희망이 보이면 일어설 수 있다. 희망이 보이면 열정도 되살릴 수 있다. 그러나 지금의 아픔을 가져온 사람이 저지른 잘잘못에 집착하면 내일의 희망은

잘 안 보인다. 보여도 의심부터 생긴다. 그래서 내일의 확실한 희망이 있는데도 좌절한다. 현재의 고통과 어둠을 절망적으로 바라볼수록 고통과 어둠만 보이는 법이다. 그럴 때 누군가가 "지금의 아픔이 아니라 빛나는 내일을 생각해봐. 그러면 정말로 밝은 내일이 올 거야."라고 말해주면 갑자기 안 보이던 내일의 희망이 보인다. 그 한 마디가 지금 고통스럽고 힘겨운 삶을 이겨내고 밝은 내일을 기대하게 만든다. 그래서 그런 말을 해준 사람을 의지하게 된다. 그 말을 한 사람은 당연히 든든한 리더가 된다.

2008년 전 세계가 세계 대공황 이후 최대의 경제 위기를 맞았다. 잘 나가던 대기업들도 큰 어려움에 처했다. 몇몇 국가들은 국가 도산을 염려했다. 가정도 가장의 실직과 형편없는 가계소득으로 허리띠를 졸라매고 어떻게 해서든 고비를 넘겨야 한다는 위기감으로 가득했다. 그럴 때 어떤 기업의 경영자는 "지금은 오히려 회사가 도약할 수 있는 기회다. 지금부터 수출 물량이 늘 것을 대비하고, 지금 어려운 사람들의 마음에 드는 마케팅 방법을 찾아야 한다."며 그에 대한 예산을 집행한다. 직원들은 적은 예산이지만 미래의 큰일을 위해 최선을 다할 것이다. 어려운 가운데 희망이 자랄 것이다. 그러나 어떤 기업의 경영자는 "지금은 너무 어려우니 무조건 지출을 줄이고 웬만하면 일을 벌이지 말고 납작 엎드려 남들이 어떻게 움직이는지 보라."고 외친다. 분명 이러한 경영자 밑에서 직원들은 사기가 떨어지고 언제 잘릴지 몰라 눈치만 볼 것이다. 당연히 기업 경쟁력은 저하

될 것이다.

어떤 부모는 자식들에게 "지금은 형편이 좋지 않은 대신 시간이 많다. 책읽기에 좋을 때이니 도서관에서 빌려서라도 책을 읽어두어라."라고 말한다. 자신들도 일찍 귀가해 책을 읽으며 밝은 내일을 기약한다. 그러나 어떤 부모는 "요즘 같은 때에는 책 값 하나라도 아껴야 한다. 꼼짝 말고 뭐든지 다 견뎌라."라며 아무것도 못하게 한다. 아이들은 무기력해지고 남는 시간을 어떻게 처리할지 몰라 엉뚱한 일을 벌인다. 부모는 그 일로 열 받아 아이들을 야단친다. "너희들 때문에 힘들어 못 살겠다."는 말이 나온다. 아이들은 부모가 자신들을 귀찮아한다고 생각하며 집 밖으로 나돈다. 형편이 풀려도 그런 아이들을 되돌리기는 어렵다. 부모의 리더십이 무너진 것이다.

어려운 일이 많아지면 많은 리더들이 어려움을 극복하기 위해 사람들이 나태해지지 않도록 닦달해야 한다고 믿는다. 막말로 닦달하고 호통치고, 하고자 하는 일을 못하게 막아야 위기를 헤쳐 나갈 수 있다는 것이다. 그러나 어려울 때는 민감해져서 닦달하면 분발하는 것이 아니라 좌절한다. 가뜩이나 움츠러들어 기를 못 펴는 사람들에게 윗사람의 비난과 비판은 남은 기마저 빼앗는 것이다. 채찍질을 달게 받는 것이 아니라 반발하거나 아예 신경도 안 쓰게 되고 무시하게 된다. 리더십이 힘을 잃게 되는 것이다.

사람은 누구나 곤경에 처하면 위로 받고 싶어한다. 격려와 응원으로 힘을 되찾고 싶어한다. 운동경기에서 패색이 짙은 팀도 열렬한 응원을 받으면 기를 되찾는 것처럼 말이다.

어려울 때일수록 리더는 지금의 어려움을 강조해 좌절시키지 말고 희망이 있는 미래를 말해 따르는 사람들의 의욕을 되살려야 한다. 그렇다고 믿지 못할 만큼 환상적인 미래를 말하라는 것은 아니다. 자신은 아무것도 하지 않으면서 미래가 나아질 거라는 공허한 말을 하라는 것도 아니다. 말이란 마음을 담는 그릇이다. 마음이 담기지 않은 말은 밝은 미래를 말해도 신뢰가 가지 않는 법이다. 진심을 다해 자기가 먼저 어려움을 극복하는 자세를 보이면서 밝은 미래를 말하라는 것이다.

당신이 만약 부모라면 당신이 먼저 자가용 대신 대중교통을 이용하고, 당신이 먼저 모임 참석을 줄이고 일찍 귀가하고, 당신이 먼저 술을 마시거나 수다로 시간을 낭비하는 대신 독서로 밝은 미래를 대비하며 "지금은 오히려 책 읽기에 좋은 때"라고 말해야 자식들이 당신의 말에 희망을 갖고 당신 말을 따르는 것이 옳다고 생각한다는 말이다. 그래야만 부모로서의 리더십이 강화되기 때문이다. 당신이 기업의 경영자라면 당신이 먼저 의기소침해 하거나 한숨을 쉬지 말고 활기찬 모습으로 "내일을 준비하자."라고 말해야 따르는 사람들도 당신 말을 믿을 것이다. 당신이 정치인이라면 무조건 "내 말이 맞다."라며 핑크빛 내일만 이야기하거나 다 함께 고통을 분담해달라고 시키기만 할 것이 아니라 당신이 먼저 내놓기 아까운 것을 내놓고 "다 함께 고통을 분담하자. 그러면 내일이 밝아질 것이다."라고 말해야 국민들이 당신 말을 믿고 밝은 미래를 바라보려고 할 것이다.

버락 오바마는 경제 위기 속에서 치르는 대통령 선거를 앞두고 한 마지막 연설에서 "지금이 4년 전 전보다 더 못사느냐를 따질 것이 아니라 4년 후가 지금보다 더 나아질 것이냐를 따져보고 투표해주시기 바랍니다."라고 말했다. 금융 시스템 붕괴의 쓰나미가 덮친 것처럼 그 힘을 잃어버리고, 초유의 위기 속에서 전전긍긍하고 있는 미국인들에게 지금이 예전보다 나빠졌느니 좋아졌느니 하며 시시비비를 가리는 것이 중요한 것이 아니라 지금의 총체적인 난국 속에서도 미래가 좋아질 것을 희망할 수 있는 쪽에 표를 달라고 간곡히 말한 것이다. 그는 이것을 믿을 수 있도록 많은 정책도 함께 이야기했다.

미국에서는 공화당의 매케인 후보 역시 오바마 못지않게 뛰어난 정치가다. 양당 모두에 친구를 둔 통합의 정치인으로 신망도 두터웠다. 그는 공화당 내 경선을 거쳐 대통령 후보가 되기까지 수많은 검증 과정도 거뜬히 통과했다. 선거를 두 달 앞둔 9월까지만 해도 경쟁자인 오바마와 지지율 격차도 거의 없었다. 그런 그가 점점 지지율 하락을 면치 못한 것은 바로 오바마와 달리 어두운 현실과 지금 일어난 문제의 잘잘못 가르는 데 급급해서였다. 마지막 연설에서 그는 오바마를 부자들의 세금을 높여 중산층을 돕는다며 사회주의자라고 비난했다.

매케인 후보는 월스트리트의 대형 금융사 도산 소식이 줄줄이 터지자 이 문제부터 수습해야 한다며 3차 TV토론을 연기하자고 주장했다가 번복했는가 하면, 「워싱턴 타임스」 인터뷰에서 "부시 행정부가 이라크전, 지구온난화, 과도한 예산집행 등을 통해 모든 것을 완전히 손쓸 수 없도록 망가뜨려 놓았다."고 불평해 공화당의 한 고위 인사가 "도저히 참을 수 없다."며 반발하게 만들었다. 나중에는 같은 배를 타고 있는 세라 페일린 부통령 후보의 명품 옷 구입 과다 지출 시비가 벌어지자 그녀를 대놓고 비난하기까지 했다. 그는 희망적인 미래가 아니라 지금 벌어지는 골치 아픈 일들과 잘못된 과거에 초점을 맞추어 말함으로써 미국인들에게 희망 대신 짜증을 주어 스스로 지지율을 떨어트린 셈이다.

어려운 순간에도 문제의 시시비비를 가리지 않고 희망을 말해 단번에 스타가 된 사람은 또 있다. 9 · 11 테러 당시의 뉴욕 시장 루돌프 줄리아니Rudolph William Louis Giuliani III가 바로 그 사람이다. 그는 세상 사람들이 도대체 무슨 일이 있었는가를 말할 때 그 참담함을 극복할 수 있다는 희망을 말했다.

그는 기자들이 무슨 일이냐고 묻자 "뉴요커들은 세상에서 가장 뛰어난 사람들이다. 그리고 뉴욕은 우리나라 최고의 경찰, 소방대원, 응급조치 요원들을 갖추고 있다. 뉴욕은 곧 예전 모습을 되찾을 것이며 우리는 이 사태로 인한 어려움을 극복하고 정신적, 정치적, 경제적으로 더욱 강해진 도시로 거듭날 것이다."라고 말했다. 이 일로 그는 공화당 대통령 후보로 거론될 정도로 인기를 모았다.

전문가들은 오바마가 금융 위기의 반사 이익을 챙겼다고 말하지만 그러한 반사 이익은 아무나 챙길 수 있는 것이 아니다. 위기를 어떻게 풀어나가는가에 따라 챙길 수도 있고 뺏길 수도 있는 것이다. 바로 그 차이가 정치 경륜으로는 게임이 되지도 않을 것 같던 신진 세력인 오바마에게 대통령 자리를 내주게 했다고 봐도 무리는 아니다. 지도자는 문제가 복잡해도 그 자리를 벗어나 미래의 희망을 말해 주어야 하는 것이다.

8장

말 한 마디도
소홀히 하지 않는다

칭찬 한 마디도
소홀히 하지 않는다

우리 모두 과분한 아내를 맞았지요

리더들은 가진 것이 많다. 재능과 파워, 고급 정보, 결정권 등등. 그래서 찬사가 쏟아지기도 한다. 당연히 자신만만하다. 찬사를 당연시할 수 있다. 그러나 찬사를 당연시하면 오만해 보인다. 또한 아부하는 사람들에게 이끌리기 쉽다.

반면 지나치게 겸손하여 칭찬한 사람이 무색할 정도로 사양하는 것도 문제다. 이런 사람들은 냉정해 보이고 거리감이 생긴다. 역시 리더다운 방법은 아니다. 찬사를 유쾌하고 자연스럽게, 그리고 감사하게 받아들이는 것이 리더다운 방법이다. 왜냐하면 리더의 일거수 일투족은 따르는 사람들에게 메시지가 되기 때문이다. 많은 CEO들이 "직원들은 내가 조금만 얼굴을 찌푸려도 회사에 문제가 있는 것은 아닌가, 내 배가 아파도 회사에 문제가 있는 것은 아닌가 하고 해석하지요."라며 걱정한다. 뭐라고 말하지 않아도 따르는 사람들이 메시지를 만드는 것이다.

그런 리더의 위치 때문에 아랫사람의 찬사를 당연시 하면 직원들은 오만하게 보고 무덤덤하게 받아들이면 무시하는 것으로 보는 것이다. 다 듣기도 전에 펄쩍 뛰며 "그렇지 않다."고 부인하면 겸손하다고 보는 것이 아니라 "내 말이 잘못되었나?"라며 당황하게 되는 것이다.

기업, 정당, 단체, 가정 등 모든 곳의 리더는 따르는 사람들에게 일거수일투족을 체크당한다. 리더의 말 한 마디가 따르는 사람들의 삶에 막대한 영향을 미치기 때문이다. 말 한 마디도 각별히 조심해야 한다. 따르는 사람들은 리더의 말을 자기 방식으로 해석한다. 그것은 기대가 될 수도 있고 절망이 될 수도 있다. 조금만 생각 없이 말해도 오해를 살 수 있다. 사소한 말 한 마디로 거리감을 만들 수도 있다. 리더는 평소 말을 어떻게 하느냐에 따라 아랫사람에게 자신이 없는 데서도 찬사를 받거나 또는 험담하게 만들 수 있다.

당신은 평소 부하 직원이나 거래처 사람에게 수많은 찬사를 들었을 것이다. 지금 잠시 그때로 되돌아가보자. 칭찬의 말을 허겁지겁 받아들였는지 한 술 더 떴는지, 완강히 거부했는지 적절히 받아 주었는지 등등.

특별히 생각나지 않거나 썩 유쾌한 기억이 없다면 버락 오바마의 방법을 벤치마킹해보라. 그는 정말로 진지하고도 감사히 칭찬과 충고를 받아들일 줄 안다. 그는 칭찬을 감사히 받아들이는 법을 어머니로부터 배웠다고 한다.

오바마는 정말로 찬사 또는 질타의 수많은 요소를 가졌다. 연탄만큼 까만 피부를 가진 아프리카 케냐 사람인 아버지와 우유만큼 흰 피부를 가진 전형적인 미국 중서부 시골 출신 어머니 사이에서 태어난 이력부터 그렇다. 1960년대의 미국은 흑인 남자가 백인 여자를 사귀는 것만으로도 사형감이었다. 그 위험한 시대에 감히 아프리카 흑인 남자를 남편으로 선택한 그의 어머니의 행동부터 찬사 아니면 질타의 대상이었다. 오바마 자신은 2살 때 부모의 이혼을 겪고 6살 때 가난한 나라로 이주해 새 아버지와 살았으며 10대 때 하와이로 돌아왔다. 그리고는 마약에 찌든 청소년기를 보냈다. 유년기부터 청소년기까지는 항상 질타의 대상이었을 것이다. 그 모든 어려움을 극복하고 명문대를 졸업하고 대통령이 되는 동안에는 수많은 찬사가 쏟아졌다. 40대의 젊은 나이에 전 국민들의 가슴을 적시는 연설로 인기가 급상승하자 찬사의 수위는 더욱 높아졌다. 사람은 누구나 자기가 가진 자랑거리를 대강은 안다. 오바마 역시 자기가 자랑할 수 있는 요소가 많다는 것을 안다. 그러나 그런 것을 칭찬하는 것을 당연시하지도 않고 거부하지도 않았다. 리더답고 세련된 방법으로 칭찬을 되돌려주거나 감사히 받았다.

버락 오바마는 시카고 인근 스프링스턴이라는 소도시의 지방의회

4선의원이었다. 연방 상원의원이 된 지는 3년이 채 안 되었다. 그런 그가 민주당 대통령 후보가 되었다. 갑자기 록 스타처럼 인기가 급상 승했다. 공화당을 지지하는 보수 언론들은 "오바마는 국회 의사당 안에 화장실이 어디 붙어 있는지도 모른다. 볼일을 봐야 할 때마다 보좌관에게 물어야 볼일을 볼 수 있다."며 놀렸다.

미국의 상원의원들은 하원의원들과 달리 가문 좋고 돈 많은 사람들로 구성되어 있다. 대표적인 상원의원이 엘 고어라고 연상해보면 대충 알 수 있을 것이다. 그런 만큼 미국 상원의원 중에 유색 인종은 거의 없다. 2004년 버락 오바마가 미국 역사상 세 번째 흑인 상원의원으로 당선 되었다. 그는 나이까지 어렸다. 그런 만큼 보수적인 언론이 그를 눈엣가시로 보는 것이 당연했을 것이다.

초선이며 정적인 오바마가 연방의원이 된 다음 부시 대통령과 대면해서 대화를 나눌 기회는 거의 없었다. 그러나 그는 미국을 이끄는 지도자 부시 대통령을 만나보고 싶어했다.

그리고 드디어 오바마의 소망이 이루어졌다. 의회에서 부시 대통령의 연설을 들은 날 부시와 만나 대화를 나눈 것이다. 그날따라 회의가 길어 식사 때를 놓친 오바마는 몹시 허기가 졌다. 당시 오바마는 가족을 고향에 두고 혼자 워싱턴에서 살아서 끼니를 제때 챙기는 습관을 갖고 있었다. 따라서 끼니를 놓치면 허기가 심했다.

그날은 너무 허기가 져서 회의를 마치자 급히 식당으로 달려가 닭다리를 뜯었다. 그때 부시 대통령이 그의 이름을 불렀다. 오바마는 순간 부시가 이웃집 아저씨 같은 친화력을 가진 사람이라는 것을 알았다. 부시 대통령은 친한 친구를 부르듯 "오바마! 이리 와서 로라와 인사하세요. 로라, 오바마를 기억하지? 선거 날 TV에서 우리 함께 봤잖아. 멋진 가족이더군. 특히 자네 아내 정말 멋지더군."이라고 말했다.

오바마는 2004년, 지방의원 시절에 고전을 면치 못하는 민주당 대통령 후보의 구원투수가 되어 민주당 전당 대회에서 민주당원들을 위한 연설로 유명 인사가 되어 있었다.

오바마는 퍼스트레이디와 반갑게 악수했다. 그리고 부시 대통령이 자신의 아내에 대해 칭찬하는 말을 이렇게 받았다.

"우리 모두 과분한 아내를 맞았지요."

여기서 서툰 리더라면 "로라보다는 아니지요."라고 말해 은연중에 자기 아내를 깎아내리거나 "제가 운이 좋은 사람이지요."라고 말해 로라의 존재를 무시할 수 있다. 그러나 오바마는 단 한 마디로 아내도 높이고 로라도 칭찬해 두 마리의 토끼를 모두 잡았다. 이 말은 자기 아내에 대한 칭찬을 고맙게 받고 로라도 높여주는 말로 듣는 사람을 유쾌하게 만든 말이 아닐 수 없다.

오바마는 또한 적이건 아군이건 충고를 해주면 고맙게 받아들인다고 한다. 부시 대통령은 오바마가 퍼스트레이디와 악수를 나눈 후 보좌관에게 받은 손 소독제를 나눠주며 "좋은 거예요. 감기를 예방해주지."라고 말했다. 그리고 "괜찮다면 충고 한 마디해도 될까?"라고 말했다. 오바마는 "기꺼이."라고 말했다. 부시 대통령은 "당신의 장래는 정말 밝지. 그러나 내가 워싱턴에서 살아봐서 아는데 이곳 생활이 정말 힘들 수도 있어요. 당신이 주목을 많이 받으면 적은 우리 공화당 쪽에만 있지 않을 거요. 당신 편에서도 나올 거요. 모두 당신이 언제 굴러 떨어지나 보려고 할걸? 그러니 조심하시오."

그는 "충고 감사합니다."라고 진심으로 받아들였다. 그날 이후 그는 부시가 친절한 사람이라고 생각했으며 그의 정책 중 동의하는 것이 있으면 무조건 반대하지 않고 지지하기도 했다.

정적의 일거수일투족을 무조건 적대적으로 바라보는 우리나라 정치 풍토로는 부러운 모습이 아닐 수 없다. 미국이라고 해서 당 대 당의 경쟁이 치열하지 않은 것은 아니다. 어떤 면에서는 당의 이합집산이 드문 미국의 정쟁은 우리나라보다 더 치열하면 치열했지 덜하지 않다. 오바마로서는 부시 대통령이 정적이니만큼 그의 충고를 "나에게 설치지 말라."고 경고하는 것이라고 비꼬아 들을 수 있었다. 그러나 부시 대통령의 충고를 정치 선배의 충고로 고맙게 받아들인 것이다. 부시 대통령이 그에게 그런 충고를 한 진심이 무엇이었든지 간에 자신이 고마운 충고로 받아들이면 그것은 고마운 충고일 따름이라고 믿는다고 한다.

리더가 왜 칭찬 한 마디, 충고 한 마디도 정중하고 진지하게 받아들여야 하는지 오마바를 보면 금세 알 수 있을 것이다.

의견이 달라도
기분 나쁘지 않게 반박한다

당신이 내 의견에 맞장구만 쳤다면 상당히 실망했을 것입니다

리더는 자주 반대 의견과 부딪힌다. 중요한 충고도 많이 받는다. 어떤 충고는 진정이지만 어떤 충고는 공격이고 비난이다. 어떤 반대는 받아들여야 하지만 어떤 반대는 반드시 꺾어야 한다. 리더는 충고나 조언을 적절하고 세련되게 처리할 줄 알아야 한다. 어떤 충고나 조언은 친절하게 받아들이면 우유부단한 사람이 되고 어떤 충고나 조언을 강하게 거부하면 속 좁은 사람이 된다. 리더는 귀에 거슬려도 진심으로 고맙게 받아들여야 할 것과 미안하지만 단호히 거부해야 할 충고와 조언을 구분해서 적절하게 처리할 줄 알아야 하는 것이다. 반박도 상대편의 인격을 존중하면서도 알아듣게 잘해야 후유증이 안 생긴다.

리더가 고마운 충고를 거부하면 편협해 보이고 가시 박힌 비난성 충고나 공격을 꺾지 못하면 비겁해 보인다. 진정한 조언을 받아들이지 못하면 내 편을 적으로 만들고 위험한 유혹이 담긴 조언을 거부하지 못하면 우습게 보인다. 리더는 그 무엇보다 충고와 조언, 반박 등을 세련되게 관리할 줄 알아야 한다.

그러나 많은 리더들이 이 부분에서 성공하지 못한다. 강직하고 불의를 모르는 리더조차 입에 쓴 충고에 과민 반응을 보여 속 좁은 사람이 된다.

나는 수년 전 책 출간에 맞추어 우리나라에서 내로라하는 몇 분을 미리 정해주고 그 중 누가 가장 말을 잘하는지 설문조사를 한 적이 있다. 그 중 한 분은 내 책의 추천사를 써주셨고 나는 설문조사 결과 1위를 할 것을 의심하지 않았다. 그런데 결과가 뒤집혔다. 그분은 1등이 아닌 2등이 되었다. 결과를 말씀드리기가 미안하기는 했지만 사실이 사실이니만큼 결과를 말씀드렸다. 그분은 내가 예상한 것보다 훨씬 심하게 노발대발하셨다. 내가 정한 경쟁자들 중에는 한 명도 자기 경쟁자가 못 되는데 무슨 말도 안 되는 소리를 하느냐는 것이었다. 그런 조사는 그냥 간단히 하는 것이 아니다. 적절한 모집단을 선택하고 골고루 설문지를 배포해서 적절한 시간에 수거해야 한다. 설문지가 방치되지 않도록 수거를 독려하기도 한다. 그리고 분석은 객관성을 최대한 유지하며 한다. 그처럼 복잡하고 까다로운 절차를 거친 조사 결과에 대해 불만을 터트리는 그분의 모습을 보자 평소 그분에 대해 가졌던 이미지가 한순간에 깨지고 말았다. 말솜씨 조사 결과가 2등이라고 해서 자신의 말솜씨가 사라지는 것도 아니고, 리더십이 훼손되는 것도 아닌데 그 정도로 펄펄 뛰는 것을 보니 여간 실망스럽지 않았다. 그가 가진 리더십이 새털만큼이나 가벼워 보였다.

그 일이 있은 후 어디서 만나든지 내 이름을 부르며 친절한 표정으로 반기던 그분이 다른 모임에서 부딪히면 외면하기까지 했다. 그분뿐만 아니라 자기 비위를 조금이라도 상하는 충고에 대해 과민하게 반응하는 사회 지도층을 많이 봐온 나는 그런 분을 볼 때마다 정말로 큰 리더는 충고, 조언, 그리고 불리한 사실을 받아들이는 태도에서 리더십을 발휘할 수 있는 사람이라고 생각하게 되었다.

물론 나 역시 가끔 독자들이 내가 출간한 책에 대해 비판적인 댓글을 달면 가슴이 두근거리고 불편한 기분을 느낀다. 어떤 댓글은 몸에 좋은 쓴소리인데도 수용이 잘 안 된다. 그런 일을 겪으면 스스로 "아직 나는 그만큼 큰 그릇은 못 되는구나." 하며 반성하게 된다. 그런데도 존경해온 리더가 불편한 진실에 대한 충고에 과민 반응을 보이면 우습게 보인다.

당신이 직장 상사인데 부하 직원들에게 "그런 말은 좀 심하십니다."와 같은 조심스러우나 진솔한 조언을 듣고 마구 화를 내왔다면 당신의 리더십은 지금, 겉은 말짱해도 내부 어딘가에 금이 가 있을 수 있다. 나처럼 자기가 따르던 리더에게 실망한 사람들이 온전한 마음으로 당신을 따를 수 없게 되었을 것이기 때문이다. 당신이 정치인인데 가난하고 어려운 유권자들의 사소한 조언을 무시하고 허투로 들어왔다면 당신의 지지 기반은 언제 무너질지 모를 만큼 허망한 것일 수 있다. 유권자들의 사소하고 시시한 조언들이 모여 당신의 리더십이 이루어진 것이기 때문이다.

매일 매일의 생활에서 지지 세력의 권익을 위해 싸워야 하는 정치인의 경우 반대 세력은 물론 지지 세력과도 싸워야 할 때가 많다. 때로는 기득권을 버려야 할 때도 있다. 그러다 보면 고마운 충고도 적대적으로 받아들이기 쉽다. 사소한 조언은 무시하고 자기 고집만 내세우기도 쉽다. 우리가 보아온 수많은 정치인들이 그런 모습을 보여왔다.

미국 역사상 최초의 흑인 대통령 오바마는 정치인의 자질은 불확실한 미래에 대한 도전, 즉 용기라고 주장했다. 용기만이 충고를 고맙게 받아들이거나 상처 없이 반박할 수 있게 하는 힘이 되어준다는 말이다. 용기만이 조언을 깊이 새기거나 유쾌하게 반박할 원동력이 된다는 것이다. 정치인은 자신이 어떤 옳은 행동을 해도 분개하는 사람이 있을 수 있으며, 어떤 신중한 표결에도 정치적 공세를 받을 수 있는데, 용기가 있으면 소신을 굽히지 않고 고마운 충고를 가려내 고맙게 받아들일 수 있다는 것이다. 정치인뿐만 아니라 직장인은 물론 가정의 가장에게도 그런 용기는 필요하다. 사람이 모인 곳에서는 모든 사람들이 일사불란하게 리더의 의견을 따르는 곳이 없다. 서로를 가장 잘 이해할 것으로 보이는 가정 안에서도 서로 의견이 엇갈릴 때가 많다. 그 때문에 리더는 충고와 조언의 옥석을 가려 세련되게 처리하는 능력을 가져야 하는 것이다.

오바마는 선거 기간 동안 낙태 옹호와 이라크 주둔군 전면 철군을 주장하지 않은 일로 수많은 조언과 충고를 들었다. 낙태 합법화에 대해서는 종교적 색채가 짙은 유권자들 중 오바마를 지지하고 싶어하는 사람들에게서 들었고, 이라크 주둔 미군의 조속한 철군을 주장하지 않는 것에 대해서는 열렬한 민주당 지지자들에게서 들었다.

오바마는 한 우호적인 그룹의 유권자 모임에서 나이 지긋한 신사로부터 당신은 이라크 전에 반대한다면서 아직까지도 전면 철군을 주장하지 않는다는 강한 불평을 들었다. 오바마는 그의 불평 이유를 충분히 안다고 말하고 미군 철수는 너무 급히 추진하다 보면 이라크전이 전면적인 내전으로 치닫고 그 전쟁이 중동 전역으로 번질 수 있다고 차분하게 설명했다. 그의 설명을 진지하게 듣고 있던 노신사는 "나는 여전히 당신 생각이 맞지 않다고 생각합니다. 그러나 당신이 철군 문제를 진지하게 생각한다는 느낌은 듭니다. 아마 당신이 내 의견에 계속 맞장구만 쳤다면 나는 당신에게 상당히 크게 실망했을 것입니다."라고 말하고 악수한 손을 흔들었다. 그때 오바마는 진심을 다해 "고맙습니다."라고 말했다.

오바마가 조금 더 노신사를 설득하려 했다면 모양새가 우스워졌을 것이다. 그러나 그 정도에서 그쳤다. 자기 말을 충분히 전하고 판단은 노신사에게 맡긴 것이다.

대개 보통 사람은 이런 경우 그 사람이 알았다며 승복할 때까지 설득하려고 무리수를 두는 경우가 많다. 사람의 신념은 하루아침에 만들어진 것이 아니다. 그런 만큼 하루아침에 바뀌지도 않는다. 반대 의견을 가진 사람에게 충분히 자기 소신을 밝히는 것은 좋지만 끝까지 몰아붙여 확답을 받으려는 것 역시 리더답지 않은 무리수일 뿐이다. 자신과 의견이 다르면 정성을 다해 소신을 밝히고 판단은 그가 내리도록 여지를 두는 것이 리더다운 해법이다.

가벼운 농담도 진의를
점검받는다는 기분으로 해야 한다

언제나 사실만으로 논란을 잠재울 수 없습니다

리더의 말은 단 한 마디도 허투로 사라지지 않는다. 사적인 농담
까지 진의를 점검받는다. 농담까지도 또 다른 의미로 부활될 수 있는
것이다. 리더의 말은 이해관계가 얽힌 수많은 사람들의 생존과 직결
되기 때문이다. 그래서 리더의 말은 이해관계에 따라 전혀 다르게 해
석된다. 리더 자신은 가벼운 농담을 한 것에 불과하지만 그런 농담이
자신이 상상할 없는 의미로 왜곡되거나 이상한 루머로 변질될 수 있
는 것이다. 리더가 공공장소에서 사적 또는 공적으로 한 농담, 막말
들은 스스로 자신의 리더십을 무너뜨리는 설화로 비화되기 쉽다. 매
스미디어가 발달할수록 그런 일은 더욱 흔해진다. 리더들의 막말은
대중들이 가장 관심 있어하는 재밌거리가 되기 때문이다. 우리나라

의 한 TV 뉴스 전문 채널이 만든 '돌발 영상'은 오랫동안 인기를 누리기도 했다.

매스미디어는 한정된 지면이나 시간에 끼워 맞춰 긴 말을 적절히 편집해야 한다는 특징을 갖는다. 리더의 말은 사회적 영향력이 크기 때문에 미디어의 관심을 끌며 그 말이 미디어의 입맛대로 편집될 수 있는 것이다. 그 과정에서 반대 의미로 둔갑해 유포될 수도 있다. 이해관계가 복잡하게 얽혀 있는 문제일수록 그에 관한 농담 한 마디까지도 민감하게 해석되는 것이다.

매스미디어는 속성상 예의바른 말이나 따분한 말에는 관심이 없다. 화끈하고 돌발적인 말을 선호한다. 우리나라 국회의원들이 국정감사 등에서 공격적인 말로 주목받는 것 역시 그런 것 때문이다. 그들 중 많은 사람들이 무조건 돌발적이고 특이한 말을 하면 화면에 잡히지 않느냐고 말한다. 기업인들이야 정치인들만큼 언론에 노출되지는 않는다. 그러나 경영 승계, 세무 비리 등 사회적 이슈가 불거지면 정치인 못지않은 노출을 감수해야 한다. 언론에 노출되면 기업인도 정치인 못지않게 일거수일투족을 체크 당한다. 그럴 때는 표정만 특이하게 지어도 뉴스의 의도대로 의미가 재생산될 수 있다.

2006년 삼성의 불법 경영 승계를 둘러싼 재판과 현대의 불법 비자금 조성 사건 수사가 거의 비슷한 시기에 터졌다. 양대 그룹의 회장 및 임원들은 거의 매일 TV 뉴스에 등장했다. 한 그룹은 훈련되고 세련된 모습으로 비쳤고, 한 그룹은 거칠고 표정관리가 전혀 안 된 모습으로 비쳤다. 그 후, 한 곳은 조용히 용서받고 한 곳은 8,000억 원의 장학기금을 내고도 회장의 사회봉사 처벌을 받았다. 정치적인 이유도 많겠지만, 정치적 영향력까지도 여론이 좌우한다. 당신이 리더라면 언제든지 여론을 염두에 두고 말해야 한다.

2005년 초 「뉴스위크」는 관타나모 수용소에 근무하는 미국 경비병과 조사관들이 수감자들을 괴롭힌다는 기사를 실었다. 그 기사는 이슬람 성서인 코란을 찢어 수세식 변기로 흘려보냈다는 자극적인 근거를 제시했다. 백악관에서는 사실 무근이라며 펄쩍뛰었다. 그 기사 때문에 파키스탄에서는 연일 폭력 시위가 벌어졌다. 문제가 너무 커지자 「뉴스위크」지는 기사의 확실한 근거를 대야 했다. 그러나 그럴 수가 없었다. 결국 기사 취소라는 언론사 최대의 굴욕을 감수해야 했다. 그러나 시민 단체에서 이 문제를 물고 늘어졌고 몇 달 후 관타나모 수용소 일부 조사관들의 부적절한 태도가 밝혀졌다. 그러나 폭스 뉴스는 "국방부는 코란이 변기 속에 버려져 물에 쓸려 내려갔다는 증거를 찾지 못했다."고 보도했고 그 일로 이 문제는 일단락되었다. 이처럼 언론 보도의 위력은 일반 여론을 좌지우지 한다.

오바마는 자서전에서 "나는 언제나 사실만으로 정치적 논란을 잠재울 수 없다는 점을 잘 안다."고 밝혔다. 그는 복잡하게 얽힌 진실을 밝히면 그다지 큰 보답이 따르지 않는다는 것도 안다고 말했다. 진실은 사람들을 당혹스럽게 만들 수 있고 진실은 공박을 당할 수도 있다고 했다. 언론은 복잡하게 얽힌 그런 진실을 끝까지 파헤치는 인내심을 갖지 않을 것이며 일반인들은 진실과 거짓의 차이를 구분하기 어려울 수 있다고 말했다. 이런 어려움을 뛰어넘으려면 정직을 고수하며 부정한 거래에 빠지지 않아야 한다고 말했다. 이익 단체에 얽매이지 않으면서 지지 세력을 규합하고 자신의 주관을 반듯이 해서 미디어를 활용해야 한다고 말했다.

오바마는 성범죄자로부터 어린이를 보호하는 내용의 법안에 반대표를 던진 적이 있다. 임신 중절에 반대하는 의원들이 발의한 법안이었다. 그 표결로 자칫 잘못하면 생명을 갖고 태어난 아이를 구명하는 일에 반대하는 사람으로 몰릴 수 있었다. 오바마는 원래 찬성표를 던지려고 했는데 실수로 버튼을 잘못 눌렀다. 나중에 공화당 측에 속기록에서 빼달라고 요청했다. 그러나 공화당측은 그것마저 흑색선전에 사용할 수 있었다. 여간 신경이 쓰이지 않을 수 없었을 것이다. 다행히 그런 일 없이 조용히 넘어갔다. 오바마는 이 일을 두고 정말로 운이 좋았다고 말했다. 비교적 자기 소신이 뚜렷한 오바마도 자신이 했던 일이 악용될 것은 겁낸 것이다.

굳이 언론에 오르내리는 리더가 아니더라도 다른 사람들에게 오해 받을 수 있는 말은 삼가는 것이 현명하다. 리더인 당신을 따르는 사람들은 일일이 당신의 생각을 묻고 확인하지 않는다. 리더인 당신이 던진 말을 자기 방식으로 해석하고 가공할 뿐이다. 그렇게 해석한 의미가 부정적이면 당신을 부정적으로 보고 호의적이면 당신을 호의적으로 볼 뿐이다. 당신이 기업인이라면 당신이 생각을 많이 해도 그 생각이 명확히 알아들을 수 있는 말로 정리되지 않으면 따르는 사람들은 당신이 원하는 바를 알아낼 수 없다. 당신이 원하는 대로 행동하고 싶어도 그럴 수 없게 된다. 그래서 당신을 따르는 사람들은 당신이 자기 생각을 얼마나 명확하게 전달하고 설득시키는지에 따라 당신을 달리 본다. 물론 농담 한 마디까지 모두 다.

따라서 당신은 오프더 레코드로 말할 때도 다르게 해석되는 것을 경계해야 한다. 친한 친구와 말할 때도 당신을 따르는 사람들과 관계 있는 사람이라면 농담마저 함부로 하면 안 된다. 얼굴을 찌푸리거나 심통 난 표정도 관리를 해야 한다. 짜증내거나 뒷말을 투덜대는 것도 조심해야 한다. 그야말로 정신을 높이 고양시키고 따뜻하고 청정한 마음을 유지해서 바른말이 나오도록 조심해야 한다. 점점 더 많은 사람들이 직접 관찰할 수 있는 리더의 자리에 오르려면 일시적인 말조심, 이미지 조작으로는 통하지 않는다. 숨 쉬듯이 매사를 관찰당하기 때문이다. 당신이 이미 리더 자리에 있거나 앞으로 리더로 성공하고 싶으면 지금부터 마음을 닦아 평소의 언행을 삼가는 것이 가장 현명할 것이다.

9장

하고 싶은 말이 아니라
듣고 싶어하는 말을 한다

내가 아닌
듣는 사람의 생각으로 말한다

미국인들은 정부가 부모보다 아이를
더 잘 키울 수 없다는 것을 너무나 잘 알고 있습니다

리더들은 대체로 주관이 뚜렷하다. 그래서 듣는 사람이 어떻게 받아들일 것인지를 고려하지 않는다. 책상 위에는 급히 처리할 일들이 산더미처럼 쌓여 있다. 모두 시간을 다투는 중요한 일들이다. 바로바로 처리해도 숨이 차다. 담당자를 찾아 의견을 묻거나 추가 보고를 받으면서 그의 기분 따위를 체크할 겨를이 없다. 그래서 일방적으로 말하고 군말 없이 들어주기를 원한다. 성급하고 다혈질인 리더일수록 토를 달지 않고 시키는 대로 일하지 않으면 싫어한다. 그것이 심한 리더 곁에는 영리한 사람들이 머물지 못한다. 영리한 사람들은 자존심이 강하다. 그러나 그들이 손발이 되어주어야 힘을 받는다. 일방적으로 자기 말만 하면 영리한 사람이 먼저 떠나고 그 다음에 영리하지 않은 사람들이 떠난다. 결국은 외톨이가 되어 리더십은 물거품으로 사라진다.

사람은 누구나 주인공이 되고 싶어한다. 주인공까지는 아니라도 할 말은 할 수 있어야 굴욕감이 안 생긴다. 직장인들의 고통은 일이 힘들어서가 아니라 상사가 굴욕감을 줄 때 생긴다. 상사 자신은 그럴 의도가 전혀 없고 단지 업무를 원활하게 수행하려고 자기중심으로 말하지만 부하 직원은 존엄성을 부인 당하는 굴욕감으로 받아들인다. 자기를 주인공으로 하는 리더의 말은 상대방의 굴욕감을 불러내기 쉽다. 그러나 리더가 하찮은 사람에게까지 존엄성을 느끼도록 말할 수 있다면 좀 능력이 뒤져도 리더십은 걱정 없이 유지할 수 있다.

21세기식 새로운 리더십 모델을 제시한 버락 오바마. 출생과 인종 등의 핸디캡을 극복하고 젊은 나이에 갑자기 미국 전체를 들었다 놨다 할 정도로 급부상했다. 그럴 수 있었던 중요한 비결은 듣는 사람을 주인공으로 말하는 언어 태도에 있다.

미국에서 흑인의 직위는 우리가 상상하는 것 이상의 고통 속에 놓여 있다. 1980년대 후반 민주당 대통령 후보 경선에 나선 제시 잭슨 목사를 두고 이런 농담이 떠돌았다. 잭슨 목사는 너무나 무모해 보이는 모험이 두려워 밤마다 무릎 꿇고 기도했다. 기도하는 사람이 불쑥 자기 이야기부터 할 수는 없었다. 먼저 나라의 안녕과 가난한 이웃을 지켜달라는 기도를 했다. 그러나 차츰 경선 날이 가까워 오자 자기 문제를 묻지 않을 수 없었다. 그래서 '하나님, 미국에 언제쯤 여자 대통령이 나올까요?' 라고 에둘러 질문했다. 놀랍게도 하나님의 응답이 왔다. '네가 살아 있는 동안에는 불가능하다.' 하나님의 응답에 좀 더 용기를 내 '그럼 흑인 대통령은요?' 라고 재차 물었다. 역시 응답이 왔다. 하나님은 껄껄 웃으시며 '아마 내가 살아 있는 동안에는 그런 일이 없을 것이다.'

미국에서 흑인 대통령이 나오는 것은 절대 불가능하다는 풍자였다. 불과 20년 전의 일이다. 그러나 20년 후인 지금이라고 해서 인종 문제가 사라진 것은 아니다. 흑인 대통령 후보였던 버락 오바마의 인기가 급상승하자 미국 언론들은 일제히 인종 문제를 들고 나왔다. 인종 차별을 비난하는 듯하면서 은밀히 '흑인 대통령은 아직' 이라는 논조가 봇물을 이루었다. 그러나 오바마는 그런 우려들을 불식시켰다. 그 비결 중 하나는 말하는 자신이 아닌 듣는 사람을 주인공으로 말하는 연설 실력이었다. 오바마의 연설이 인기를 끈 것은 자기가 하고 싶은 말을 청중들이 듣고 싶어하는 메시지로 바꾸어 말하는 것이었다. 오바마의 이런 화법은 2004년 민주당 전당 대회에서부터 힘을 발휘했다.

"미국인들은 정부가 부모보다 아이를 더 잘 키울 수 없다는 것을 너무나 잘 알고 있습니다. 미국인들은 정부가 병든 사람들을 일일이 치료할 수 없다는 것도 너무나 잘 압니다. 미국인들이 원하는 것은 정부가 그 모든 어려운 일을 해결해달라는 것이 아닙니다. 단지 자기들이 선택해서 그 일을 잘하도록 해달라는 말입니다. 그 선택을 가장 잘하게 해줄 사람이 민주당의 캐리 후보입니다."

"미국인들은 놀림거리가 될 만한 이름을 가졌거나(미국에는 다양한 나라에서 이민을 와 이름이 특이한 국민들이 많다) 너무 말랐거나, 너무 뚱뚱하거나, 너무 가난하거나, 너무 부유하거나, 아프리카에서 왔거나 라틴 아메리카에서 왔거나 아시아에서 왔거나 아랍에서 왔거나 그런 구분 없이 미국인으로 살기를 원합니다. 너는 이래서 안 되고, 너는 이래서 되고를 구분하지 않고 어울려 살기 위해 우리는 미합중국을 세웠습니다."

그의 연설에는 '나는' 이렇게 생각한다거나 '민주당'이 이렇게 생각한다는 말이 별로 없다. 미국인들이 그렇게 생각한다거나 당신들이 그렇게 생각한다고 말했다.

듣는 사람들이 그렇게 생각한다고 말한 다음 '나는' 이렇다라고 말한다. 듣는 사람의 존엄성을 살려준다. 그래서 오바마의 연설은 대부분 미국 역사에 길이 남는 연설로 기록되고 있다.

리더는 사람들이 자기 말을 귀담아 듣지 않게 되면 리더십은 아주 간단히 무너진다. 말하는 사람의 직위가 높아도 듣는 사람이 존중감을 느끼지 못하게 말하면 그 말을 굳이 들을 필요가 있는지를 따지게 된다. 늘 자기자신을 주인공으로 말하면 실적을 올리지 못한 부하 직원에게 "당신 실적이 이게 뭐야. 당신, 실적 못 올리면 큰일 날 줄 아시오."라는 협박을 하기 쉽다. 또는 "우리 회사만 야근 하는 것 아니잖아?"라는 식의 비난부터 하기 쉽다. "그 정도 어려움은 어려움도 아니야."라는 억압의 말도 튀어 나오기 쉽다.

그러나 듣는 사람을 주인공으로 말하면 "나도 야근은 정말 싫던데 자네도 그렇지? 그렇지만……"이라고 말해야 부하 직원이 거부감 없이 야근하도록 만들 수 있다. "어렵겠지? 하지만 그 일을 해야 하는데."라고 말해 힘든 일에 자발적으로 동참하게 만들 수 있다. 바로 그런 것이 오바마의 화법이다. 그 화법은 미국인들이 가장 우려하던 인종의 벽을 뚫고 미국 최초의 흑인 대통령을 만드는 데 일조했다.

기업 리더인 당신이 직원들에게 존중받는다는 기분을 갖도록 그들을 주인공으로 말하면 직원들이 최선을 다해 업무를 처리하게 할 수 있다. 정치 리더인 당신이 당신의 말이 아니라 듣는 사람들의 말을 하면 그들의 공감을 더 많이 얻어 어렵지 않게 설득할 수 있다. 그들이 당신을 추종하게 만들어 리더십을 강화할 수 있는 것이다.

내가 아닌
듣는 사람을 주어로 사용한다

우리 미국은 그런 나라입니다

리더에게는 남다른 경험담, 무용담, 성공담 등 하고 싶은 말이 참 많다. 사람에게는 경험을 공유하고 싶은 욕구가 남다르다. 특별한 경험과 노하우가 있으면 누군가에게 들려주어 인정받고 싶어한다. 그래서 듣기보다 말하기를 더 좋아한다. 누군가에게 인정받고 누군가와 속마음을 나누고 싶어하는 것이다. 그래서 너도나도 "내 인생은 소설로 쓰면 몇 권정도 된다."라고 말한다.

그러나 리더는 혼자서 모든 일을 다 처리할 수 있는 전지전능한 사람이 아니다. 자기를 대신해서 분신노릇 해주는 사람들에게 일을 맡길 때 더 많은 일을 할 수 있는 사람이다. 자기 대신 일할 사람이 많을수록 능력이 커지는 것이다. 따라서 리더는 더 많은 사람을 설득해 더 많은 일을 하도록 만들어야 한다. 그러기 위해서는 자기가 하고 싶은 말만 해서는 안 된다. 자기 경험, 무용담, 성공담, 계획 등이 아무리 중요해도 듣는 사람의 경험, 계획, 생각을 말해 공감대를 형성해야 한다. 듣는 사람을 주어로 사용하면 그렇게 말하기가 쉬워진다.

많은 리더들이 듣는 사람이 아니라 자신의 말을 앞세우려는 것은 주어를 '당신'이 아닌 '나'로 사용해서다. 나는 이렇게 생각하고, 나는 이렇게 일했고, 나는 이렇게 할 것이고, 나는 이렇게 경험했고, 내 계획은 이것이고 등등 '나'를 주어로 말하면 듣는 사람이 흥미를 보이건 말건, 재미없어 하건 말건, 지루해 하건 말건, 호기심을 보이건 심드렁하건, 듣는 사람의 관심사이건 아니건 등을 따지지 않게 된다. 그래서 이야기가 겉돌고, 듣는 사람의 마음에 들어가 박히지 못하며 듣는 사람의 존중감을 높여주지 못해 듣는 사람의 나쁜 상상을 자극하는 것이다.

그러나 주어를 당신, 우리 또는 그들로 바꾸고 듣는 사람이 느끼는 바를 말하고, 듣는 사람이 경험했을 법한 일들을 말하고, 듣는 사람이 바라는 바를 말하고, 듣는 사람의 계획을 말하고, 듣는 사람의 생각을 말하고, 듣는 사람이 얻게 될 것과 잃게 될 것을 말하면 듣는 사람의 귀가 열리고 마음이 끌리는 법이다. 듣는 사람의 감동이 밀려오고 가슴이 뭉클해지는 법이다.

리더의 말이 듣는 사람의 귓전을 맴돌다가 먼지처럼 사라지느냐, 듣는 사람 가슴에 박혀 행동을 바꾸느냐는 주어를 '나'에서 '당신'으로 돌리는 것만으로도 많이 달라진다. 그렇게 말하면 자신의 경험 대신 듣는 사람의 경험을 말하고, 말하는 사람의 생각을 말하는 대신 듣는 사람의 생각을 말하기가 쉬워지는 것이다.

오바마는 수많은 선거 캠페인 연설에서 가급적 주어를 '나'보다 '우리, 우리 미국, 우리나라' 그리고 '당신' 등을 주어로 사용했다. 선거 캠페인 구호도 "우리가 믿을 수 있는 변화(CHANGE, We can believe in)" 또는 "우리에게 필요한 변화(CHANGE, We need)"였다. 물론 '우리'는 자신을 포함한 모든 미국인들로 오바마 자신뿐만 아니라 모든 미국인들이 믿을 수 있는 변화, 미국인들이 필요로 하는 변화를 추구한다는 뜻을 강조한 것이다.

'변화', '전진'과 같이 단어만으로 된 캠페인 구호는 20세기 방식이다. 웅변이 통하고 정신을 하나로 결집시켜야 했던 시대의 어법이다. 개성 강한 21세기에는 다양성을 인정하고 개성들이 부딪히지 않으면서 뜻이 하나로 모아지도록 하는 언어가 필요하다. 듣는 사람이 누구이건 함께할 수 있다는 의미를 담은 주어 '우리'가 필요한 것이다.

첨단 테크놀로지의 발전으로 인류의 평등권은 급격히 향상되었다. 인터넷은 누구나 그 앞에 앉으면 왕이 될 수 있게 한다. 인터넷만 할 줄 알면 왕에 버금가는 고급 정보를 손에 넣을 수 있는 것이다. 역사적으로 약자가 강자에게 복종한 가장 큰 이유는 강자가 가진 정보의 독점이었다. 정보는 소유를 용이하게 하고 힘을 강화시킨다. 직위가 높을수록 비밀 정보가 많지 않은가? 국토 개발 계획, 대외 정책 방향 등을 먼저 아는 사람과 뒤늦게 아는 사람의 부와 명예, 직위 축적 규모를 생각해보면 그것을 쉽게 이해할 수 있을 것이다.

권력을 휘두르는 자와 복종하는 자의 차이는 고급 정보 소유의 차이에 불과한 것이다. 그런데 첨단 통신 기술은 복종하는 자도 부리는 자 부럽지 않을 만큼의 고급 정보를 가질 수 있게 만들었다. 그래서 리더의 말을 액면 그대로 믿지 않아도 된다. 보통 사람들도 여러 외신을 접할 수 있고 해외와의 경제 연계 등을 살필 수도 있다. 국토 개발 계획을 세우는 포럼의 내용이 인터넷에 게재되기도 한다. 발만 부지런하면 남보다 먼저 향후 국토 개발 방향을 알아낼 수도 있다. 리더가 거짓말을 하거나 정보를 감추어도 거짓임을 알아낼 수도 있다.

더 이상 '리더'라는 것만으로 자기 말만 할 수 없는 세상이 된 것이다. 리더일지라도 일방적인 주장을 하면 통하지 않는 세상이 된 것이다.

미국 대통령에 당선된 버락 오바마는 연설에서 문장의 주어를 가급적 '나'가 아닌 '우리' 또는 '당신'으로 사용한다. 분명한 자기주장이 필요할 때만 '나'를 사용했다.

오바마의 민주당 대통령 후보 수락 연설에서도 그런 면면을 살펴볼 수 있다.

"우리나라는 지금, 전쟁 중이고, 경제는 혼란에 빠져 있으며, (모든 사람들의 꿈을 이루어 줄 수 있다는) 미국의 약속이 그 어느 때보다 큰 도전을 받고 있습니다. 오늘 밤, 더 많은 국민들이 일자리를 잃고, 예전보다 더 적은 임금을 받고 일하고 있습니다. 여러분 중 더 많은 분들이 집을 잃거나 자기 집값이 곤두박질치는 모습을 지켜보고 있습니다. 그리고 더 많은 분들이 자가용 유지가 어려워졌고, 신용카드 빚 갚기가 어려워졌으며, 교육비는 이미 감당할 수 있는 수준을 넘었습니다. 이런 도전들을 모두 정부가 만든 것은 아닙니다. 그러나 대응에 실패한 것입니다. 워싱턴의 고장난 정치와 부시의 실패한 정책이 직접적인 결과입니다."

공화당의 실정을 지적하면서도 듣고 있는 미국인들의 관점에서 말하기 위해 주어를 '당신들'로 사용한 것이다. 그리고 3인칭인 '우리나라' 또는 '미국'을 함께 주어로 사용해 미국인들의 남다른 애국심과 무너진 자존심을 위로받도록 말했다.

"미국은 평생 열심히 일하고 이제 막 은퇴하려는 오하이오에 사는 어느 여인이 잠시 병에 걸리면 제대로 치료 받지 못하고 재난에 빠질 수밖에는 없다는 것을 알아야 하는 것보다는 나은 나라입니다. 미국은 20년 동안 같이 일한 기계들을 뜯어내 잘 포장해서 중국으로 실려 가는 모습을 봐야 했던 인디에나에 사는 한 가장이 집에 돌아가 가족에게 그때의 기분을 설명하며 목이 메어야 하는 것보다는 더 괜찮은 나라입니다."

다시 '우리'를 주어로 사용하는 대목이다.

"우리는 참전용사들을 노숙하게 내버려두고, 이웃 가족이 가난에
빠지게 만들고, 이 나라의 주요 도시 중 하나가 우리가 보는 앞에서 익
사하는 것을 손놓고 보고만 있는 정부보다는 인정이 많습니다. 우리는
얼마나 많은 사람들이 장기 주택 대출금을 갚을 수 있는 일자리를 찾았
는지, 나중에 자식이 대학 졸업장을 받는 것을 보고 매달 약간의 여유
돈을 저축할 수 있는지, 이런 것으로 국가 발전의 정도를 잽니다.
　　우리는 억만장자 숫자가 얼마나 많은지와 500대 기업의 이익금이
얼마나 많은지를 가지고 경제를 측정하지 않고, 좋은 아이디어를 가진
사람이 위험 부담 없이 새로운 사업을 시작할 수 있는지, 팁만으로 사
는 식당 종업원들이 일자리 잃을 염려 없이 하루쯤 결근하고 아픈 자식
을 돌볼 수 있는지를 가지고 경제를 측정합니다. 일하는 것의 존엄성
을 존중하는 경제를 말입니다."

이 문장들의 주어를 '나'로 바꾸어보면 오바마가 왜 '나' 대신 '우
리', '당신', '미국', '우리나라' 등을 주어로 사용했는지를 쉽게 파
악할 수 있을 것이다. 이러한 주어는 연설의 설득력만 높이는 것이
아니다. 대화에서 사용할 때에도 설득력을 높여줄 것이다.

당신이 만약 기업의 리더라면 직원들에게 훈화하거나 지시할 때, 노사 협상할 때, 당신이 한 가정의 부모라면 자식 교육에 사용하면 설득력의 수준이 달라지는 것을 경험하게 될 것이다.

듣는 사람의 향수를 이끌어내라

고학생을 보며 어머니를 떠올립니다

어려움을 극복했던 경험만큼 감동적인 이야기는 없다. 어린시절의 기억을 공유하는 것만큼 가슴 뭉클하게 하는 말도 없다. 이것은 일대일 대화에서뿐만 아니라 연설에서도 듣는 사람들의 감성을 자극한다.

연설이 재미없는 이유는 대개 연설 내용 안에 감성을 자극하는 말이 없어서이다. 마틴 루터 킹, 링컨, 윈스턴 처칠, 케네디 등의 연설이 두고두고 명연설로 회자되는 이유는 듣는 사람의 감성에 호소해 감동을 주기 때문이다. 감성이 움직이면 감동이 물결을 이룬다. 감동이 물결을 이루면 마음이 움직이고 열정이 불처럼 타오른다. 열정과 희망, 행동이 한꺼번에 불타오른다. 그것은 단번에 개인과 사회, 국가, 세계의 역사를 크게 바꾸는 힘이 되기도 한다.

1960년대에 활약한 미국의 흑인 목사 마틴 루터 킹의 "나에게는 꿈이 있었다."라는 연설은 냉혹한 흑백 인종 차별법을 철폐하는 힘이 되었고 반세기 후, 흑인 대통령 탄생의 씨앗이 되었다.

링컨의 "국민의, 국민에 의한, 국민을 위한 정부가 지상에서 사라지지 않도록 하자."는 연설은 51개 주로 조각조각 나누어져 있던 미국을 하나의 미국으로 통합하는 힘의 원천이 되었다.

2차 대전 중 윈스턴 처칠의 "우리가 전쟁에서 이기려면 우리가 가지고 있는 땀과 피와 눈물밖에 바칠 것이 없습니다. 결코 포기하지 마시오, 결코. 결코!"라는 연설은 독일의 히틀러에 비해 형편없는 군사력을 가진 영국을 전쟁에서 이기게 하는 힘을 이끌어냈다.

"국가가 나를 위해 무엇을 해줄 것인지가 아니라 내가 국가를 위해 무엇을 할 것인지를 생각해보라."는 케네디 대통령의 취임 연설은 미국인들의 자긍심을 높여 세계 최강국의 지위를 공고히 하는 힘을 만들어냈다. 이 사람들의 연설이 가진 공통점은 듣는 사람들의 감성에 호소해 감동의 물결을 이루어 거의 불가능하다고 생각한 일들을 듣는 사람 스스로 해내게 한 것이다.

지금 서양인들은 이들의 계보를 잇는 명연설가로 망설임 없이 버락 오바마를 꼽는다. 그의 연설 속에 담긴 감성 코드를 찾아보면 리더인 당신도 감성에 호소해 이성적 판단을 이끌어내는 방법을 터득할 수 있을 것이다.

80년대 생인 나의 아들이 파리에 살면서 최근 〈살인의 추억〉 DVD 를 빌려다 보았다고 한다. 그러면서 자기 어렸을 때 살았던 강원도 원주 인근의 시골 전경과 가난한 사람들 이야기가 떠올라 가슴 뭉클 하더란다. 향수란 그런 것이다. 잊고 싶지만 잊을 수 없었던 어려운 시절의 기억 말이다. 오바마 민주당 대통령 후보는 연설 중에 그런 것을 짚어낸다. 민주당 대통령 후보 수락 연설 중에 말한 이야기의 한 대목이다.

"불평분자들의 나라? 공장 문을 닫는다는 것을 뻔히 알면서도 그들 이 만든 브레이크에만 기대지 않는 사람들이 있다는 사실을 알기에 여 전히 아침 일찍 출근해서 그 어느 때보다 열심히 일하는 미시간의 자동 차 공장 근로자들에게 그렇게 말해보십시오. 세 번, 네 번, 다섯 번째 임무에도 불평 없이 해외 주둔지로 떠나는 사랑하는 사람을 지켜보며 조용히 그들의 짐을 어깨에 짊어지는 것을 지켜보는 해외 주둔군 가족 들에게 그렇게 말해보십시오. 그들은 불평분자들이 아닙니다. 그들은 열심히 일하고 자기 능력을 남과 나누면서도 불평 없이 살아가는 사람 들입니다. 이들이 내가 아는 미국인들입니다."

오바마는 듣는 사람들의 향수를 자극하는 데 가족들의 이야기를 많이 활용한다. 비슷한 세월을 살아온 사람들에게 남다른 고난을 이 겨낸 그의 가족사만큼 향수를 자극하는 말은 없을 것이다.

오바마가 민주당 대통령 후보 수락 연설에서 한 가족 이야기다.

"저는 세 시간만 자고 밤새 일해야 하는 젊은 대학생들의 얼굴에서 고학으로 대학을 마칠 때까지 홀로 여동생과 저를 키우신 어머니 얼굴을 떠올리게 됩니다. 저희 어머니는 한때 극빈자용 푸드 스탬프(생계 대책이 없는 미혼모 등에게 국가가 주는 음식 교환권) 혜택을 받아야 할 만큼 어렵게 사셨습니다. 그러나 우리 남매는 학자금 대출과 장학금 혜택 제도 덕분에 이 나라에서 가장 좋은 학교에서 공부할 수 있었습니다.

저는 사업으로 어려움을 호소하는 어느 여인의 이야기를 듣고, 단지 여자라는 이유로 오랫동안 승진을 못하고도 비서직에서 중간관리자까지 올라가신 제 할머니를 떠올립니다. 제 할머니는 저에게 열심히 일하는 것의 중요성을 가르쳐주신 분입니다. 할머니는 손자인 저라도 좀 더 나은 삶을 살게 하려고 새 차와 새 옷 구입은 항상 뒤로 미루셨습니다. 할머니가 가진 모든 것을 저에게 쏟아 부으신 것이지요. 이제 할머니는 연로하셔서 더 이상 여행을 못하시지만, 오늘 밤 저를 보고 계신다는 것을 저는 알고 있습니다."

오바마는 민주당 대통령 후보 연설뿐만 아니라 자신을 일약 전국적인 정치가로 부상시켜준 2004년 민주당 전당대회 연설에서도 가족 이야기로 향수를 자극했다.

"부유하지도, 잘 알려지지도 않은 나라 아프리카 케냐에서 온 한 젊은이와 캔자스 주 출신 젊은 여성이 만나 자기 아들은 원하는 무엇이든 이룰 수 있다는 미국에 대한 꿈을 함께했습니다."

민주당 전당대회 기조연설에서는 다음과 같이 말했다.

"저희 아버지는 케냐에서 태어나고 자란 유학생이었습니다. 아버지는 염소를 치고 양철 지붕을 올린 판잣집 학교를 다녔습니다. 저의 할아버지는 영국인 가정의 조리사이자 하인으로 일했습니다. 그러나 할아버지는 아들을 위한 큰 꿈을 품고 계셨습니다. 할아버지의 꿈을 이루려고 저희 아버지는 열심히 일하며 불굴의 의지를 발휘해 자유와 기회의 상징으로 여겨지는 미국에서 공부할 수 있는 장학생으로 선발되었습니다. 어머니는 아버지의 고향으로부터 지구 반대편에 있는 캔자스에서 태어나셨습니다. 외할아버지는 대공황시절 내내 유정 굴착 현장과 농장에서 일했습니다. 진주만 공격 다음날, 자진 입대해서 패튼 장군 휘하로 들어가 유럽으로 건너 가셨습니다. 미국에 남아있던 외할머니는 혼자 아기를 키우며 폭격기 조립 공장에서 일하셨습니다.
　저의 아버지와 어머니는 전혀 부유하지 않았지만 아들인 제가 이 땅에서 최고의 학교에 갈 수 있다는 꿈은 버리지 않았습니다. 관대한 미국에서라면 돈이 많지 않아도 자기 능력을 마음껏 발휘할 수 있다고 믿었기 때문입니다. 지금은 두 분 모두 돌아가셨지만 오늘 밤, 저를 내려

다보시며 긍지를 느끼시리라고 봅니다. 저는 제 이야기가 미국 역사 중 일부이며 제가 이 자리에 선 것이 저보다 먼저 이 땅에 온 모든 분들의 덕분임을 알고 있습니다."

필라델피아 연설에서는,

"저는 케냐 출신의 흑인남성과 캔자스 출신의 백인여성 사이에서 태어났습니다. 저를 키워주신 백인 외할아버지는 경제공황을 딛고 제2차 세계대전 당시 패튼 군단에서 복무했으며, 할아버지가 바다 건너 해외 전쟁터에 나가 계시는 동안 백인 외할머니는 포트 리븐워드에 있는 폭격기 제조공장에서 일했습니다. 저는 미국에서 가장 좋다고 손꼽히는 학교를 나왔고, 세계에서 가장 가난한 나라에서 살기도 했습니다. 노예의 피와 노예 소유주의 피를 함께 물려받은 흑인 미국여자와 결혼해서 이 혈통을 사랑스러운 두 딸에게도 물려주었습니다. 다양한 인종의 제 형제자매와 조카들, 삼촌과 사촌들은 다양한 피부색을 지닌 채 3개 대륙에 흩어져 살고 있습니다. 저는 사는 동안, 지구상 어디에서도 저와 같은 경우가 가능하지 않다는 것을 기억할 것입니다."

오바마는 이처럼 다양한 방법으로 여러 연설에서 자신의 출생 배경과 처지를 말해 듣는 사람들의 향수를 자극하고 '대통합, 하나 된 미국'이라는 메시지를 끌어냈다. 이것은 듣는 사람들에게 큰 감동을 일으켰다. 오바마는 듣는 사람의 향수를 자극하는 데 자기 가족사만 말하지 않았다. 누군가가 겪었지만 모두 겪었을 가족 이야기를 한다. 2006년 캘리포니아에서 세계 에이즈의 날에 한 연설의 한 부분을 살펴보자.

"리오는 병든 오빠로부터 전화를 받았습니다. 처음에 오빠는 자기 병이 당뇨병이라고 했지만 병원에서 나중에 가족들에게 에이즈라고 밝혔습니다. 오빠는 그로부터 며칠 뒤 세상을 떠났고 오빠의 아내 또한 같은 병에 걸렸다는 것이 밝혀졌습니다. 리오는 세 명의 조카를 데려다 키웠습니다. 리오는 조카들 학비를 댔습니다. 돈이 다 떨어지자 빌릴 수 있는 돈이란 돈은 다 빌렸습니다. 점점 더 큰돈을 빌려야 했습니다. 얼마 전 에이즈가 인류 사망 원인 가운데 세 번째가 될 것이라는 예측이 나왔습니다."

이렇게 리오의 경험으로 듣는 사람들의 향수를 자극한 다음 자신의 메시지를 담아 이렇게 마무리 했다.

"박애주의자도 과학자도 정부도 교회도 이 문제를 독자적으로 해결할 수는 없습니다. 형제자매 5명을 에이즈로 다 잃은 리오는 그저 구경만 하지 않기로 결심했습니다. 에이즈 희생자 가족들을 한 곳으로 모이게 한 것입니다. 여기저기에서 200명이 모였습니다. 그리고 입에 담기 어려운 고민들까지 털어놓았습니다. 모임으로 갑자기 나아지는 것이 있는 것은 아니지만 에이즈로 부모를 잃은 아이들을 돌볼 수 있는 고아원을 열 꿈이 영글어갔습니다."

들는 사람의 향수를 자극하기는 그리 어렵지 않다. 누구나 겪었을 법한 나와 타인의 경험담을 말하면 된다. 리더인 당신이 너무 딱딱하게 말해 듣는 사람의 호응을 얻지 못하고 있다면 자신과 주변 사람의 경험담으로 듣는 사람의 향수를 자극해보라. 일대일의 대화에서건 연설에서건 듣는 사람의 향수를 자극한 다음 당신의 메시지를 전하면 당신의 말이 듣는 사람 가슴의 한복판에 꽂힐 것이다.

+ 10장

인용하기 쉽게 말한다

주요 메시지는 한 줄로 말한다

민주당의 미국도 공화당의 미국도 아닙니다

리더가 남긴 한 마디는 한 사람의 인생을 바꿀 만큼의 힘이 있다. 누구는 선생님의 한 마디, 부모님의 한 마디, 상사의 한 마디, 사회 지도자의 한 마디 말로 인생을 바꾸었다고 말한다. 길고 자상하게 여러 좋은 말보다 가슴에 꽂히는 단 한 마디의 말이 한 사람의 인생을 바꾸는 힘을 가졌다. 나는 우리 아버지가 했던 "사자는 절벽에 떨어뜨려 기어오르지 못하는 놈은 돌보지 않는다."는 말과 "세상에는 입만 벌리면 오물이 튀어 나오는 사람과 향기로운 꽃이 나오는 사람들로 나누어져 있다."는 어머니의 말을 평생 가슴에 새기며 살았다. 아버지의 말씀은 어려움에 굴하지 않고 다시 일어서는 힘이 되었고 어머니의 말씀은 말을 가려하는 것이 중요하다는 가르침으로 되살아나

곤 했다. 우리 아이들에게는 "알아서 해. 책임질 자신만 있다면."과 "도둑질을 안 해도 하는 방법은 알아두어라."라는 말을 가슴에 심어 주었다.

　살면서 숱하게 많은 은사와 선배, 상사들의 좋은 이야기를 많이 듣지만 평생 가슴에 남는 말은 얼마 안 되는 것이 보통이다. 좋은 이야기들을 많이 듣기는 들었는데 길고 하나로 통합된 하나의 문장이 없으면 기억에서 사라진다. 제아무리 좋은 충고나, 연설도 자리를 뜨면 대부분 잊힌다. 세월이 마음과 머리카락과 얼굴빛을 바래게 해도 변함없이 기억할 수 있는 말은 가슴을 관통하는 단 한 마디 말이다.

　세계적인 명사들은 그가 남긴 한 마디의 말로 역사 속에 길이 살아남는다. 그들이 인류의 가슴을 관통시킨 명언들은 한 문장, 기껏해야 두 문장이다. 로마를 통일한 줄리어스 시저는 "주사위는 던져졌다." 또는 "이미 루비콘 강을 건넜다."는 말로 기억된다. 이 말은 오늘날 이미 시작된 일을 되돌릴 수 없다는 의미로 응용되고 한다. BC 49년 1월 10일 루비콘 강은 정말로 추웠다 살을 에는 듯한 바람 속에서 줄리어스 시저는 원로원들로부터 군대를 해산하고 로마로 돌아오라는 통보를 받는다. 고대 로마는 군대가 루비콘 강을 건너 이탈리아로 들어갈 때 이곳에서 무장을 해제해야 했다. 당시 속주인 갈리아의 장관이었던 줄리어스 시저는 이런 금지를 깨트리고 "주사위는 던져졌다."고 외치며 무장한 군대를 이끌고 로마와 속주 갈리아를 가르는 루비콘 강을 건너 그 당시 로마의 권력을 장악하고 있던 폼페이우스와의 전쟁에서 크게 이겼다. 그 후 어떤 모험적인 일을 시작할 때 시저의 이 말이 사용된다. 지금까지도 이미 되돌릴 수 없는 일이라는 뜻으로도 널리 사용되고 있다.

알렉산더 대왕 역시 오래 기억시키는 말을 많이 남겼다. 그가 남긴 말 중 내가 가장 좋아하는 말은 "이상이 있기에 오늘의 내가 있으며, 내일의 내가 있을 수 있는 것이다."이다.

알렉산더 대왕은 세계 제패 원정에 나서기 직전 소유하던 보물들을 몽땅 부하들에게 나누어주었다. 걱정스럽게 지켜보던 대신이 "이제 폐하의 보물창고는 텅 비게 되었습니다. 저로서는 폐하의 뜻을 도무지 알 수가 없군요."라고 말했다. 알렉산더 대왕은 미소를 지으며 "나는 보물을 다 없앤 것이 아니오. 간직하고 있는 비장의 보물은 남겨두었소."라고 말했다. 대신이 그게 무엇이냐고 묻자 알렉산더 대왕은 다음과 같이 말했다.

"그건 바로 '이상'이라는 것이오. 이상이 있기에 오늘의 내가 있으며, 또 내일의 내가 있을 수 있는 것이오."

또 하나 유명한 이야기가 있다. 알렉산더 대왕이 거리에서 커다란 술통을 집으로 삼아 거지 생활을 하는 철학자 디오게네스를 만났다. 대왕은 "내가 뭘 도와드릴까요?"라고 물었다. 그러자 디오게네스는 "햇빛을 가리지 말고 비켜서주시오!"라고 말했다. 그는 콩을 삶아 먹는 중이었다.

이 말은 정치가는 백성을 돕겠다며 설치는 것보다 방해하지 않고 지켜보는 것이라는 낫다는 교훈이 되었다.

자신의 생각을 간단하고 알아듣기 쉽게 정리해 말하는 방법을 고안해낸 사람들은 그리스 사람들이다. 그것을 책으로 집대성한 사람은 알렉산더 대왕 곁에서 지혜를 일깨우던 아리스토텔레스이다. 그가 쓴 말하기 방법 책인 『수사학』은 지금까지 서양의 인문학과 커뮤니케이션의 근간이 되고 있다.

19세기의 유럽을 통합한 프랑스의 나폴레옹 황제 역시 유럽 재패의 꿈을 안고 알프스 산을 넘어 이탈리아로 쳐들어가면서 부하들이 불가능하다며 포기하자고 말하자 "내 사전에 불가능은 없다."라는 말을 남겨 그의 도전 정신이 오늘날까지 회자되고 있다.

오바마도 영락없이 이런 전통을 이어받았다. 연설할 때 자기 이야기와 경험들을 많이 인용해 연설의 길이가 짧은 편은 아니다. 그는 자칫 늘어지기 쉬운 약점을 인용하기 쉬운 한두 문장으로 보완한다. 가급적 사람들이 오래 기억할 수 있는 문장으로 말이다. 이런 문구는 정치가에게는 기자들이 헤드라인으로 뽑을 수 있는 말이 되고 기업가에게는 전 직원이 토씨 하나 안 틀리고 기억하게 하는 말이 된다.

오바마를 정계의 스타로 쏘아올린 민주당 전당 대회 기조연설의 주요 메시지는 '다인종, 다문화 국가, 미국의 대통합'이다. 이 메시지는 오바마의 가족사 고백과 연결되어 설득력이 높았다. 그러나 오바마는 "미국은 민주당의 미국도 공화당의 미국도 백인의 미국도 흑인의 미국도 아닙니다. 미합중국입니다."라는 인용하기 쉬운 문장으로 다시 한 번 의미를 다져 연설의 품격을 높였다.

오바마는 선거를 일주일 앞둔 10월 마지막 주에도 전통적인 공화당 텃밭이어서 최고 격전지가 될 펜실베이니아, 버지니아, 플로리다 등을 돌며 연설했다. "일주일 뒤면 미국은 변화의 시대로 들어간다."는 간단한 문장을 사용했다. 그의 이 말은 유권자들에게 일주일 뒤를 연상하게 하면서 선거에 대한 기대를 끌어 모았다. 이때 그가 유세여행을 다니던 지역에 강풍이 몰아쳤다. 그런데도 오바마의 이 짧은 연설을 들으려고 유세장 안팎에 2만 명가량의 유권자들이 몰려들었다. 경쟁자인 매케인은 날씨가 너무 안 좋다는 이유로 공화당에서 민주당 지지로 넘어갈 위기에 처한 펜실베이니아 지역의 유세를 취소하고 1976년부터 공화당만 지지해온 '안전지대'인 노스캐롤라이나로 가 "역전의 기회는 남아 있다."고 외쳐 오바마와 대조를 이루었다. 매케인측은 유권자들의 반응이 신통치 않자 오바마가 팔레스타인 출신의 중동사학자 라시드 할리디 박사를 위한 파티에 참석했었다고 주장해 미국판 색깔론을 불러일으켰다. 할리디 박사는 시카고 대학 교수를 지낸 후 컬럼비아 대학 석좌교수로 재직하고 있는 저명한 학자다. 매케인 측은 전에도 오바마 후보가 시카고 출신 반전운동가 윌리엄 아이어스와 친하다면서 "그가 테러리스트 친구들을 갖고 있다."는 흑색선전을 했다. 그러나 미국인들은 이런 색깔론에 휘말리지 않았다. 오히려 그런 색깔론이 콜린 파월 전 국무장관 같은 공화당 거물급들이 민주당 후보인 오바마를 지지하게 만들었을 뿐이다.

당신이 기업의 리더라면 직원들이 오래 기억할 수 있는 인용어를 가지고 있는지 생각해보는 것이 좋을 것이다. 당신이 부모라면 당신 자식이 "이것이 우리 부모의 말씀"이라고 한 마디로 기억할 수 있는 말이 있는지 체크해보는 것이 좋을 것이다. 당신이 선배 상사라면 따르는 사람들이 당신의 어떤 말을 두고두고 기억할 수 있을지 한번쯤 생각해볼 필요가 있을 것이다. 이 다음에 세월이 흘러 얼굴은 잊어버리더라도 기억에 남는 말, 그런 말이 없다면 지금부터라도 하나 만들어보라. 당신의 리더십이 그 한 마디로 배가 될 것이다. 개그맨은 단 한 마디로 기억되는 유행어가 있어야 인기가 높아지고 배우도 출연한 작품에서 기억에 남는 한 마디를 남겨야 뜨듯이, 당신도 인용이 가능한 한 마디를 만들면 당신의 위치에서 지금보다 강한 리더십을 발휘할 수 있을 것이다.

잘 알려진 인용구나 유명 연설을 패러디한다

**우리 모두가 함께 풀지 않는 한
우리 시대의 과제를 풀 수 없다고 믿기 때문입니다**

르네상스 시대의 대상인들은 로마 시대의 석학들이 남긴 인용구를 교훈 삼아 사업에 성공을 거둔다. 그들이 남긴 말들을 실천해 성공하는 사람들이 많아지자 사업가들 간에 로마의 인용구를 누가 얼마나 더 많이 아는가는 자랑거리가 되었다. 이처럼 세월을 뛰어 넘어 후세 사람들에게까지 감동을 주는 말들에는 그럴 만한 이유가 있다. 단 한 마디로 누구나 공감하고 의욕이 생기며 가슴이 떨리게 하는 힘을 가졌다는 것이다.

사람의 심성에는 공통점이 많아 어떤 말들은 시대가 변하고 역사가 바뀌고 문화가 달라도 사람들의 마음을 흔들고 가슴에 화살촉처럼 깊이 박힌다. 따라서 스스로 멋진 인용구를 만들 자신이 없다면 감동적이며 이미 검증된 인용구를 응용하는 것이 좋다. 알려진 유명 연설을 패러디하는 것도 좋다. 애용되는 인용구나 잘 알려진 연설문은 친숙하다. 그 말을 남긴 명사들의 업적이 연상돼 신뢰도도 높다. 그래서 말하기에 자신 있는 사람들도 역사적인 연설문의 인용구 차용과 패러디를 즐긴다. 유명한 인용구나 유명 연설 내용을 많이 알아야 그럴 수 있다.

최초의 흑인 민주당 대통령 후보였던 만큼 버락 오바마는 당내 경선 때부터 수없는 인종 문제에 시달렸다. 힐러리 클린턴과 당내 경선을 하며 최대 접전을 치른 곳은 필라델피아다. 이 지역에서 여론에서는 이기고 실제로는 졌다. 필라델피아는 전통적으로 인종 차별이 심한 지역인 남부로 가는 길목에 있다. 그래서 오바마는 당내 경선 중에 헌법기념관 광장에서 지지를 호소하는 연설을 했다. 그리고 그 연설은 명연설로 기록되었다. 오바마는 경쟁 후보인 힐러리 측에서 유색인인 자신의 뿌리에 대한 의혹을 확산시켜 흑인들의 분노와 백인의 질시를 부각시킴으로써 인종 간 균열이 커질 것으로 보이자 필라델피아 헌법기념관 광장에서 미국의 고질병이며 전문가들이 오바마의 가장 큰 핸디캡으로 지적하는 자신의 인종문제를 불식시키는 연설을 한 것이다. 그는 이 연설에서 반세기 전에 인종 차별을 없애기 위해 고생하다가 인종 차별 철폐 법안을 내놓게 한 마틴 루터 킹 목사의 잘 알려진 연설문을 일부 패러디했다. 물론 힐러리 측이 그가 온전한 흑인이 아니라는 점을 부각시키면서 백인과 흑인 지지자 모두 등을 돌리게 하는 작전을 펴고 있어 거기에 말려들지 않으려고 마틴 루터 킹의 이름을 직접 거론하며 연설문을 인용하지는 않았다. 그 대신 마틴 루터 킹의 연설 내용을 인종 통합으로 초점을 살짝 바꾸어 패러디했다. 이는 익숙한 표현이 주는 친근한 이미지와 등을 돌리려는 흑인들이 아버지보다 더 존경하는 마틴 루터 킹 후예 이미지를 연상시키도록 하는 효과를 거두었다.

오바마의 필라델피아 연설의 제목은 '우리 미국인은, 보다 완전한 통합을 위하여'였다. 이 연설을 마틴 루터 킹의 연설과 비교해보자. 오바마는 연설을 이렇게 시작했다.

"221년 전, 저기 길 건너편에 있는 회관에 모인 일단의 사람들은 이 단순한 말로, 불가능해 보이는 민주주의 실험을 시작했습니다. 농부와 학자, 정치가와 애국자 등 폭정과 처형을 피해 바다를 건너온 이들이 1787년 봄, 저 길 건너편에서 진정한 독립을 선언한 것입니다."

마틴 루터 킹은 다음과 같이 연설을 시작했다.

"우리 역사에서 자유를 되찾기 위한 가장 훌륭한 시위가 일어난 날로 기록될 오늘 이 자리에 여러분과 함께하게 된 것을 기쁘게 생각합니다. 백 년 전, 한 위대한 미국인이 노예해방령에 사인을 했습니다. 지금 우리가 서 있는 이곳이 바로 그 상징적인 자리입니다."

두 사람 모두 연설장소의 역사적 의의로 서두를 열어 연설 전체의 의미를 암시했다. 오바마는 이어서 말했다.

"이들이 만든 헌법은 마침내 발효되었지만, 궁극적으로 완성된 것은 아니었습니다. 이 헌법은 미국의 원죄인 노예제로 얼룩졌습니다. 노예제 문제는 13개 주(당시 미국의 모든 주)를 분열시키고, 제헌의회를 교착상태에 빠뜨렸습니다. 미국을 만든 건국의 아버지들이 노예무역을 허용하고, 뒷일을 후대에 맡기기로 결정한 때로부터 최소 20년 이상 말입니다. 물론, 노예제에 대한 답은 헌법에 있었습니다. 헌법은 '법 앞에 평등한 시민'이라는 이상을 핵심으로 삼았으며, 국민에게 자유와 정의, 그리고 시간이 지나면서 완전해질 수 있고, 또 그래야만 하는 통합을 약속했으니까요.

그러나 양피지에 적힌 단어만으로는, 노예를 해방하고 피부색이나 종교에 상관없이 모든 남녀에게 미국 시민의 완전한 권리와 의무를 제공하는 것이 충분치 않았을 겁니다. 필요한 것은 바로, 기꺼이 자신의 몫을 다하려 한 다음 세대 미국인들이었습니다. 거리와 법정에서의 항의와 투쟁, 내전과 시민불복종으로 늘 엄청난 위험을 감수하면서, 우리의 이상이 약속한 바와 시대적 현실의 격차를 좁히려 한 사람들 말입니다."

마틴 루터 킹은 미국 정부가 그 당시로부터 100년 전인 링컨 대통령 시대에 인종차별 철폐를 약속하고도 지켜지지 않는 점에 대해 다음과 같이 지적했다.

"그 중대한 선언은 불의 不義의 불길로 시들어 가던 수백만 흑인 노예들에게 희망의 횃불이 되었습니다. 그 선언은 오랜 노예생활에 종지부를 찍는 즐겁고 새로운 날들의 시작으로 보였습니다. 그러나 그로부터 백 년이나 지난 지금, 우리는 흑인들이 여전히 자유롭지 못하다는 비극적인 사실을 바라보아야 합니다. 백 년 후에도 흑인들은 여전히 인종 차별이라는 속박과 굴레 속에서 비참하고 불행하게 살고 있습니다. 백 년 후에도 흑인들은, 이 거대한 물질적 풍요의 바다 한가운데 떠 있는 빈곤의 섬에 갇혀 외롭게 살고 있습니다. 백 년 후에도 여전히 흑인들은 미국 사회의 한 모퉁이만 차지하고 고달프게 살고 있습니다. 그들은 자기 땅에서 유배당한 것입니다. 그래서 우리는 오늘, 이 끔찍한 현실을 세상에 널리 알리기 위해 이 자리에 나온 것입니다."

그리고 오바마는 자신이 인종 통합을 이루어야 하는 당위성, 자신이 최초의 흑인 대통령이 되어야 할 이유 등을 다음과 같이 밝혀 마틴 루터 킹의 정신을 이어가야 한다는 의미를 은밀히, 그러나 확실히 전했다.

"우리보다 먼저 가신 분들의 긴 행진을, 더욱 공정하고 더욱 평등하고 더욱 자유롭고 더욱 잘 보살피며 더욱 번영한 미국을 향한 행진으로 이어가는 것 말입니다. 제가 하필 이 시점에 대통령선거에 출마하기로 한 것은, 우리 모두가 함께 풀지 않는 한 우리 시대의 과제를 풀 수 없다고 믿기 때문입니다. 우리가 비록 서로 다른 사연을 가졌지만 희망은 같다는 점, 생김새나 피부색은 달라도 자식과 손자들에게 더 나은 미래를 남겨주고 싶어한다는 점에선 지향하는 바가 같다는 사실을 이해함으로써 완벽한 통합을 이뤄내야만 합니다. 이러한 신념은 미국 국민의 품격과 관용에 대한 일말의 의심도 없는 제 확신에서 비롯된 것이지만, 제 자신의 아메리칸 스토리에서 비롯된 것이기도 합니다."

마틴 루터 킹은 인종 차별 철폐의 염원을 그 유명한 "나에게는 꿈이 있습니다."로 표현했다.

"내 친한 친구인 여러분들께 말씀드립니다. 고난과 좌절의 순간에도, 저는 꿈을 가지고 있다고. 내 꿈은 아메리칸 드림에 깊은 뿌리를 내리고 있는 것이라고.

나에게는 꿈이 있습니다. 언젠가 이 나라가 모든 인간은 평등하게 태어났다는 것을 자명한 진실로 받아들이고, 그 진정한 의미를 신조로 살아가게 되는 날이 오리라는 꿈입니다.

언젠가는 조지아의 붉은 언덕 위에 예전에 노예였던 사람들의 자식과 그 노예의 주인이었던 사람들의 자식이 형제애의 식탁에 함께 둘러 앉는 날이 오리라는 꿈입니다.

언젠가는 불의와 억압의 열기에 신음하던 저 황폐한 미시시피 주가 자유와 평등의 오아시스가 될 것이라는 꿈입니다.

나의 네 자녀가 피부색이 아니라 인격에 따라 평가받는 그런 나라에 살게 되는 날이 오리라는 꿈입니다.

오늘 나에게는 꿈이 있습니다. 주지사가 늘 연방 정부의 조처에 반대할 수 있다느니, 연방법의 실시를 거부한다느니 하는 말만 하는 앨라배마 주가 변하여, 흑인 소년 소녀들이 백인 소년 소녀들과 손을 잡고 형제자매처럼 함께 걸어갈 수 있는 상황이 되는 꿈입니다.

오늘 나에게는 꿈이 있습니다. 어느 날 모든 계곡이 높이 솟아오르고, 모든 언덕과 산은 낮아지고, 거친 곳은 평평해지고, 굽은 곳은 곧게 펴지고, 하느님의 영광이 나타나 모든 사람들이 함께 그 광경을 지켜보는 꿈입니다."

이처럼 유명한 연설을 패러디함으로써 오바마는 흑인들에게는 흑인 편이라는 안도감을, 흑인과 뭐가 다르냐는 백인들에게는 인종 차별의 원죄를 씻는 데 백인도 동참해야 한다는 의지를 일깨웠다. 당신이 지금보다 연설을 더 잘하고 싶거나 지금보다 더 설득력을 높이고 싶은 리더이거나 그런 리더가 되고 싶은 사람이라면 당신이 하는 일과 잘 맞는 유명 연설문에서 인용하고 싶은 곳은 달달 외워두었다가 당신이 하고자 하는 말의 내용과 합하면 누구든지 쉽게 기억하고 쉽게 인용할 수 있는 말로 리더십을 강화할 수 있을 것이다.

적절한 비유법을 사용하라

모든 자유 시민들이 베를린 시민이 되었습니다

말이란 듣는 대로 모두 뇌에 입력되는 것이 아니다. 귓가에서 거부되는 말이 더 많다. 말이란 뇌에 입력되고 말의 내용대로 행동하거나 생각하게 만들어야 말로서의 가치가 산다. 리더는 더 많은 사람들에게 자신의 말대로 움직이고 행동하고 생각하게 만들어야 한다. 그런데 사람의 뇌는 손에 잡히고 눈에 보이지 않는 것을 기억하기를 꺼린다. 그래서 말 잘하는 사람들은 추상적인 개념도 눈에 보이고 손에 잡히는 것과 비교하는 비유법을 즐겨 사용한다. '천만 달러'라는 말보다 '100달러짜리 지폐로 미국 동부와 서부에 다 늘어놓을 수 있는 돈'이 더 기억하기 쉽기 때문이다.

리더는 대체로 아는 것이 많다. 그래서 듣는 사람도 자기만큼 알 것이라고 착각한다. 비유법 사용을 유치하게 생각하기도 한다. 자기가 아니까 듣는 사람도 알 것이라고 믿어 추상적이고 관념적인 것도 있는 그대로 설명하려는 사람들이 많다. 그러나 그렇게 말하면 쉬운 말도 어렵게 들린다. 이해할 수 있는 말도 이해 안 되는 말로 들린다. 만약 당신이 "내가 말하면 썰렁해지지?"라고 말하는 리더라면 비유법에 주목해보기 바란다. "아침에 차가 엄청 밀렸어."라고 말해야 할 때 "주차장도 그런 주차장이 없어. 길거리에 차는커녕 바늘 하나 꽂을 자리도 없었어."라고 비유법으로 말해보라. 듣는 사람에게 당신이 교통지옥에서 얼마나 고생했는지를 훨씬 실감나게 설명할 수 있게 될 것이다. 비유법으로 말하면 패러디나 인용도 쉬워진다. 패러디나 인용은 당신이 한 말에 날개를 달아준다. 멀러 퍼지고 오래가게 해준다는 말이다. 당신이 정치 리더라면 그 말이 당신의 트레이드마크가 되어 이미지를 높여줄 수 있고, 당신이 직장 리더라면 부하 직원에게 당신의 기본 생각을 단단히 입력시킬 수 있다. 비유법은 한 문장을 듣는 사람 수준에 맞게 재활용할 수 있어 듣는 사람의 수준에 맞는 말을 할 수도 있다. 듣는 사람의 수준에 맞는 말은 들은 사람들 입에서 입으로 확대되기가 쉽다. 이런 장점들 때문에 역사적으로 훌륭한 모든 연설가들과 달변가들은 비유법을 즐겨 사용했다.

먼저 케네디의 그 유명한 베를린 연설에서 그가 비유법을 어떻게 적절히 사용했는지를 살펴보겠다.

"2000년 전 유럽 사람들은 '나는 로마 시민입니다.'라는 말을 하는 것을 가장 자랑스러워했습니다. 지금의 자유세계에서 가장 자랑스러운 말은 '나는 베를린 시민입니다.'라는 말입니다."

로마가 유럽을 재패하던 시기에 거의 모든 유럽 사람들이 로마인이 되고자 했던 것을 베를린 사람들이 베를린 장벽을 무너뜨림으로써 그때 그 로마의 영광을 이어갈 수 있다고 비유한 말이다.

"지구상에 서 베를린처럼 18년 동안 포위되어 있으면서도 역동성과 활력, 그리고 희망과 결의를 잃지 않고 살아가는 도시는 없습니다. 베를린에서 진리인 것은 독일에서도 진리입니다. 넷 중 한 명의 독일인이 기본인 선택의 자유를 누리지 못한다면 유럽의 지속적이며 진정한 평화는 누리기 어렵습니다. 18년 동안 평화와 믿음을 지켜온 여러분은 이산가족을 만나고 통일할 수 있는 자유로운 권리를 가지고 있습니다. 여러분은 자유의 섬 안에 살고 있습니다."

베를린 주변이 동독으로 둘러싸여 서독과 고립된 고독한 삶을 살아야 했음을 섬으로 비유했다. 그리고 독일인 4분의 1이 동독 치하였던 것을 4명 중 1명으로 비유했다.

레이건 대통령 역시 냉전시대에 베를린 장벽 앞에서 연설을 했다. 레이건은 1987년 6월12일 독일 베를린 장벽을 상징하는 브란덴부르크 문 앞 연설에서 "고르바초프 서기장, 이 장벽을 허물어버리세요." 라고 외쳤다. 그는 냉전을 포기하자는 제안을 이와 같은 비유법으로 말했는데 얼마 안 되어 진짜로 베를린 장벽이 무너지는 이변을 낳아 화제를 모았다.

그리고 오바마는 대통령 후보로서 그의 외교 능력을 의심하는 정적들의 불만을 불식시키기 위해 베를린으로 가 연설을 했다. 대통령 후보인 그의 연설에 당시 인기 최고의 대통령이었던 케네디 때와 똑같은 20만 명의 청중이 모여들어 새로운 기록을 세우기도 했다.

오바마 역시 베를린 연설에서 다음과 같은 비유법을 사용했다.

"동과 서, 자유와 독재, 공포와 희망을 갈라놓은 장벽을 여러분 손으로 무너뜨렸을 때 세계 곳곳의 장벽들도 잇따라 무너졌습니다. 민주주의와 시장 경제의 문이 열리고, 정보와 기술이 확산되면서 기회와 부를 가로막는 장벽이 낮아졌습니다."

베를린 장벽의 붕괴 이후 소련의 위성 국가들이 공산주의를 포기하고 자유세계로 나온 것을 장벽들이 잇따라 무너진 것으로 비유하고 시장 경제가 전 세계에 퍼진 것을 부를 가로 막는 장벽이 무너진 것으로 비유했다.

"보스턴을 달리는 자동차와 베이징의 공장 때문에 남극 빙하가 녹고, 대서양 해안이 위협당하고, 캔자스와 케냐의 농장들이 가뭄을 겪습니다. 아프가니스탄에서 자란 양귀비들이 베를린에 돌아다니는 헤로인이 됩니다."

세계가 하나로 묶여 공동 운명체가 되었음을 위와 같이 비유했다.

"베를린 시민 여러분, 세계 시민 여러분, 지금이 바로 그것을 할 때입니다. 이런 꿈을 이루겠다는 열망이 우리를 하나로 묶어줍니다. 그런 열망 때문에 물자 공수 작전이 시작됐습니다. 그런 열망 때문에 모든 자유 시민들이 베를린 시민이 되었습니다. 우리 앞에 놓인 과제는 엄청납니다. 갈 길은 너무나 멉니다. 그러나 우리는 자유를 위한 투쟁을 이뤄낸 분들의 후예입니다. 우리는 믿기 어려울 만큼 큰 희망을 품은 사람들입니다. 미래를 바라보고, 가슴에 굳은 결의를 품고, 이 역사를 기억합시다. 우리에게 주어진 사명에 응답합시다. 이 세계를 새롭게 재건합시다."

베를린 장벽을 무너뜨린 베를린 시민들이 세계 시민이라는 것과 진짜로 이 연설을 들을 전세계 시민을 같은 의미로 비유했다.

오바마는 민주당 대통령 후보 수락 연설에서도 경쟁자인 매케인 후보의 정책을 비유법으로 공격했다.

"그는 이십여 년 동안 더 많이 가진 자들에게 몰아줘라, 그러면 그 번영이 아래로 내려가 모든 사람들에게 퍼질 것이라는 낡고 파탄 난 공화당 철학을 믿어왔습니다. 진짜로는 당신 문제는 당신이 알아서 하라는 뜻입니다. 해고당했다고요? 안됐습니다. 의료보험이 없다고요? 시장이 해결해줄 겁니다. 가난하게 태어났다고요? 맨땅에 헤딩을 하건 뭘 하든 알아서 탈출하세요. 당신 문제는 당신이 알아서 하세요."

리더인 당신은 위에 소개한 연설문들을 읽으면서 부자들에게 유리한 세금 정책을 편다는 식의 건조한 직설법보다 덜 공격적이지만 더욱 신랄하고 실감나는 비유법에 마음이 움직인다는 사실을 확인했을 것이다. 그렇다면 부하 직원이나 고객을 설득할 때 이러한 비유법을 적절히 사용해보기 바란다. 아마 '왜 내 말은 썰렁하지?'라는 생각은 쏙 들어갈 것이다.

11장

영상화법으로 말한다

문장 반복으로 리듬을 살린다

지금부터 일주일!

말이란 한 번 스쳐 지나가면 주워 담을 수가 없다. 말이란 순간 포착도 힘들다. 한 번에 기억으로 전환되지도 않는다. 말로 누군가의 정신을 바꾸려면 기억을 붙들어야 한다. 말로 누군가의 행동을 바꾸려면 기억을 넘어 그의 뇌에 각인시켜야 한다. 그래서 하나의 메시지를 확실히 전달해야 하는 설득이 힘든 것이다. 리더가 자신의 생각을 따르는 사람들에게 각인을 시킬 수만 있다면 리더십은 저절로 강화될 것이다. 그렇게 각인시키는 방법이 있다. 글 읽을 때 중요한 부분에 밑줄 좍좍 그어두었다가 반복해서 보고 또 보듯 말에도 밑줄을 그어주면 된다.

영상 매체가 사고를 지배하면서 사람들의 호흡이 짧아졌다. 길게

204

서술적으로 말하는 것보다 하나의 장면을 순간 캡쳐하듯 하나의 말을 하나씩 독립적으로 입력하는 기능이 생긴 것이다. 인쇄매체를 주요 커뮤니케이션 도구로 사용하던 시대에는 글의 속성상 밑줄 그어 두고 보고 또 볼 수 있었다. 문장이 길고 서술적이어도 이해할 수 있다. 말을 길게 서술적으로 해도 이해했다.

그러나 영상 시대에는 하나의 주요 장면을 포착해서 전체를 본다. 스틸 사진이나 동영상처럼 짧고 반복적으로 말해야 이해가 된다. 영상 커뮤니케이션 도구의 사용에 익숙한 세대에게는 인쇄 세대와 다른 화법으로 말해야 한다.

인쇄 화법과 다른 영상 화법의 첫 번째 특징은 반복법이다. 화면을 캡쳐하듯 중요한 장면을 보고 또 보듯 중요한 말을 반복해서 말해야 기억에 오래 남길 수 있는 것이다.

영상이 한순간에 모든 것을 보여주듯 영상 세대는 길고 복잡한 말은 모조건 잔소리로 치부한다. 뇌에 도착하기 전, 귓바퀴에서 거부한다. 영상 시대에는 장면 장면을 캡쳐해서 보여줘야 마음이 끌린다. 말도 중요 부분을 반복해서 들려주어야 한다. 같은 말도 드라마처럼 이야기로 만들어 스토리텔링으로 말해야 한다.(이에 대해서는 앞의 스토리텔링 부분의 내용을 참고하시기 바란다.)

영상 1세대라고 할 수 있는 미국의 케네디 전 대통령의 반복법은 유명하다. 그는 하버드 대학 교수였으며 「가지 않는 길」의 시인인 로버트 프로스트 등 석학들을 곁에 두고 표현법과 작시법, 웅변술을 제대로 배웠다. 그럼 케네디가 연설에서 사용한 반복 문장들을 살펴보자. 그의 유명한 베를린 연설 중에 살펴보겠다.

"이 세상에서 자유세계와 공산세계 간의 가장 큰 쟁점이 무엇인지 모르는 사람들도 있고 모르는 척하는 사람들도 있습니다.

그들에게 베를린으로 와보라고 합시다.

공산주의를 미래의 물결이라고 말하는 사람들도 있습니다.

그들에게 베를린으로 와보라고 합시다.

유럽은 물론 다른 곳에서도 공산주의와 손잡고 일할 수 있다고 말하는 사람들도 있습니다.

그들에게 베를린으로 와보라고 합시다.

공산주의는 나쁜 제도이기는 하지만 경제성장을 돕는 제도라고 말하는 사람들도 있습니다."

거의 동시대 사람인 마틴 루터 킹 역시 반복법으로 연설의 의미를 청중들에게 각인시켰다.

"미시시피로 돌아가십시오, 앨라배마로 돌아가십시오, 사우스캐롤라이나로 돌아가십시오, 조지아로 돌아가십시오, 루이지애나로 돌아가십시오, 우리의 북부 도시 슬럼가와 게토로 돌아가십시오, 어떻게든 이 상황이 달라질 수 있고, 달라질 것이라 믿고 돌아가십시오. 이제 절망의 계곡에서 뒹굴지 맙시다. 나는 오늘 여러분께, 동지들에게 말합니다. 고난과 좌절의 순간에도 불구하고, 나는 아직 꿈이 있습니다. 이 꿈은 아메리칸 드림에 깊이 뿌리를 내리고 있는 꿈입니다.

나에게는 꿈이 있습니다. 언젠가 이 나라가 '우리 모든 인간은 평등하게 창조되었다는 것을 분명하게 안다.'는 신념의 분명한 의미를 드높일 날이 올 것이라는.

나에게는 꿈이 있습니다. 언젠가 조지아의 붉은 언덕 위에 예전에 노예였던 부모의 자식과 그 노예의 주인이었던 부모의 자식들이 형제처럼 식탁에 나란히 둘러앉는 날이 오리라는.

나에게는 꿈이 있습니다. 언젠가 불의와 억압의 열기에 신음하던 저 황폐한 미시시피 주가 자유와 평등의 오아시스가 될 것이라는.

나에게는 꿈이 있습니다. 나의 네 자녀들이 피부색이 아니라 인격에 따라 평가받는 그런 나라에 살게 되는 날이 오리라는."

영상 매체가 더욱 발달한 시대의 사람인 오바마는 반복법을 더 많이 사용했다. 그가 대통령 후보로서 대선 일주일 전에 한 마지막 연설을 보자. 그는 연설 서두를 이렇게 시작했다.

"지금부터 일주일!

열심히 일하는 사람을 상주고, 일자리를 창출해 아래로부터 위로 올라가는 경제 시대가 열립니다.

지금부터 일주일!

의료보험이 확대되고 자식들에게 더 나은 교육을 제공하며 새로운 에너지 생산에 투자할 수 있게 됩니다.

지금부터 일주일!

두려움 대신 희망을 선택할 수 있고, 파벌싸움 대신 단합을, 편견 대신 개혁의 약속을 선택하게 됩니다.

지금부터 일주일!

우리는 지금보다 나은 나라, 하나의 민족으로 합쳐져 다시 한 번 더 나은 역사를 선택할 수 있습니다."

일주일 후 자신에게 투표하면 달라질 좋은 일들을 파노라마 사진을 보여주듯 영상을 캡쳐해서 각인시키듯이 연설을 한 것이다.

오바마를 일약 정치 스타로 만들어준 2004년 민주당 전당 대회 연설에서도 다음처럼 반복법이 사용되었다.

"제가 일리노이 주 게일즈버그에서 만난 노동자들, 매이텍공장이 멕시코로 이전하는 바람에 일자리를 잃고 시간당 7달러짜리 일자리를 가지고 자식과도 경쟁해야 하는 그들을 위해 우리는 더 많은 일을 해야 합니다.

제가 만난 한 아버지, 일자리를 잃고 건강보험 없이 한 달에 4,500 달러나 하는 아들 약값을 어찌 해야 할지 몰라 걱정하며 목이 메던 그를 위해 더 많은 일을 해야 합니다.

　이스트 세인트루이스에서 만난 젊은 여성, 성적도 우수하고 의지도 확고하지만 등록금이 없어 대학에 못 가는 그녀와 같은 수많은 사람들을 위해 더 많은 일을 해야 합니다.

　오해하지 마십시오. 제가 소도시와 대도시에서, 식당과 사무실의 밀집 지역에서 만난 그 사람들은 정부가 모든 문제를 해결해주리라고 기대하지는 않습니다. 그들은 현실을 타개하기 위해 열심히 일해야 한다는 사실을 잘 알고 있고, 그러기를 원하고 있습니다."

민주당 대통령 후보 수락 연설도 다음과 같은 반복법으로 마무리했다.

"미국이여, 우리는 돌아설 수 없습니다. 해야 할 일이 너무나 많아 돌아설 수 없습니다. 가르쳐야 할 아이들, 보살펴야 할 귀환병들이 너무 많아 돌아설 수 없습니다. 고쳐야 할 경제, 재건해야 할 도시들, 보호해야 할 농장들이 있으니 그럴 수 없습니다. 보호해야 할 가족들이 너무 많고, 치유해야 할 많은 삶들이 있어 그럴 수 없습니다. 미국이여, 우리는 돌아설 수 없습니다. 우리는 홀로 나아갈 수 없습니다. 지금 이 순간, 이 선거에서, 우리는 미래로 나아가기 위해 다시 한 번 더 맹세해야 합니다. 그 약속을 지킵시다. 그 미국인의 약속을 말입니다. 그리고 성경에도 있듯, 그 약속은 우리가 고백하는 그 희망을 굳게, 그리고 예외 없이 지탱시켜줍니다."

반복 문장은 듣는 사람들이 구호를 외치게 해 연설의 의미에 동화
되게 할 수 있다. 실제로 케네디는 베를린 연설에서 "그들에게 베를
린으로 와보라고 합시다(Let them come to Berlin.)."라는 말에 리듬을
실어 우렁찬 목소리로 네 번 연속하여 외치고는 청중들이 따라 외치
도록 유도했다. 반복 문장이 자아내는 리듬은 듣는 사람에게 시를 외
우듯 쉽게 외우게 할 수도 있다. 시에 반복법이, 노래에 후렴구가 많
은 이유도 그 때문이다. 경쟁 프레젠테이션, 연설 기회가 많은 당신
이라면, 누군가의 기억에 남길 말을 해야 할 기회가 많은 당신이라면
반복법을 적극 활용할 필요가 있다. 그것이 영상 시대에 맞는 화법이
기 때문이다. 만약 당신이 여전히 인쇄 시대의 화법만 사용하고 있다
면 당신이 강조하고 싶은 말만이라도 반복법으로 바꾸어보라. 듣는
사람에게 영상을 캡쳐한 기분을 느끼게 해 듣는 사람의 기억에 당신
이 전하려는 메시지를 오래 남길 수 있을 것이다.

키워드의 반복 사용으로
중독성을 고조시킨다

희망, 변화, 우리, 미국인

요즘 뜨는 대중가요의 특징은 키워드가 반복된다는 것이다. 춤도 단순한 반복 동작이 인기를 끈다. 반복에는 중독성이 있다. 뇌는 한 번 들은 말보다 두 번 들은 말, 그 이상 들은 말을 더 잘 기억한다. 그리고 영상 세대들에게는 사진 캡쳐 사고가 형성되어 있다. 키워드 반복은 사진 캡쳐처럼 주요 부분을 따로 떼어놓고 자기 상상을 채워넣을 수 있게 한다. 영상세대 층이 두터워질수록 키워드를 반복 사용하는 노래가 인기를 끈다. 최근 우리나라에서 대박을 친 트로트들만 봐도 그 특징이 제목 단어가 가사에 10번 이상 반복된다는 것이다. 박상철의 〈무조건〉은 11번, 〈땡벌〉은 10번, 이 곡들은 전국 노래자랑 단골 곡이다. 행사 등에서 인기를 끄는 슈퍼주니어의 〈로꾸거〉 34번,

장윤정의 〈어부바〉도 20번이 사용된다. 트로트가 아니어도 이효리의 〈유-고-걸(U-go-girl)〉, 원더걸스의 〈노바디(Nobody)〉, 바나나 걸의 〈미쳐, 미쳐, 미쳐〉 등은 그보다 더 많이 제목 단어가 가사에서 반복된다. 〈노바디〉는 제목 단어인 '노바디'가 가사에서 무려 64회나 반복된다. 영상 세대들은 군더더기를 싫어한다. 사물도 긴 드라마로 보지 않고 스틸 사진으로 본다. 그런 영상 세대는 제목에 사용된 단어가 노래 안에 반복되면 그 단어 하나로 음악에 자기 상상을 불어넣을 수 있다. 노래 가사가 같은 단어 반복으로 이루어지면 춤 동작도 단순 반복되기 마련이다. 음악을 진정으로 좋아하고 음악에 종사하는 것을 자부심으로 여기는 분들은 이런 류의 노래가 히트하는 것을 달가워하지 않는다. 음악성이 없고 자극적이기만 하다는 것이다. 그러나 즐기는 사람들의 트렌드를 모르면 훌륭한 음악도 빛을 보기 힘든 법이다. 대중이 단순하고 짧은 멜로디를 좋아하면 흐름의 일부분으로 받아들이고 거기에 대비하는 것이 현명한 것이다. 그런 의미에서 원더걸스의 〈텔미〉와 〈노바디〉 등을 제작한 박진영의 안목은 탁월하다고 할 수 있다.

연설이나 대화도 이와 같다. 청중이 영상 세대로 바뀌면 짧고 간단하고 단순하며 반복적인 것을 특징으로 하는 영상 언어로 말해야 한다. 하고자 하는 말을 최대한 단순하게 압축해 한두 단어로 만들고 그것을 반복 사용해야 어필할 수 있는 것이다. 대화나 연설은 노래보다 더 상대적이다. 노래는 혼자 즐길 수도 있지만 대화나 연설은 반드시 상대가 있어야 한다. 상대와 교감이 일어나야지만 성립된다. 자기 방식으로 말하면 듣는 사람에게 거부당하면 그만이다. 말하는 사람이 듣는 사람의 트렌드를 모르면 그 말은 전달되기 어려운 것이다. 말이란 듣는 사람들의 머리에 들어가 박혀야 말이 되는 것이다.

당신이 직장의 리더이거나 가정의 부모이거나 간에 영상 세대에게 말할 때는 단순하게 압축해서 말하라. 한 단어 또는 주어 동사의 기본 문장으로 말할수록 좋다. 키워드를 만들어 여러 말 가운데 같은 단어가 반복되도록 들려주어야 전달이 잘 된다. 얼굴을 대면하는 대화뿐만 아니라 프레젠테이션, 연설, 설교 등도 마찬가지다. 서술적으로 인과관계를 따져 길게 말하면 영상 세대 청중들은 하품이나 할 것이다. 음악성이 뛰어나도 그런 식의 노래조차 싫어하는 것이 영상세대다. 하물며 리듬도 없는 말이야 오죽 하겠는가? 부득이 하게 길게 말해야 할 때도 키워드가 요소요소에서 반복되도록 말해야 전달된다. 그렇게 하면 적어도 키워드는 기억시킬 수 있다. 키워드만 기억시켜도 소통은 가능하다. 키워드만 기억되어도 불에 타기는 했지만 뼈대는 남아 있는 건물처럼 전체 메시지 복원이 가능하므로 소통에 성공할 수 있는 것이다.

키워드 사용 빈도수만 파악해도 말하는 사람의 의도를 파악할 수 있다. 2008년 미국 대선을 2주쯤 남겨두고 「뉴욕타임스」는 각 후보들과 참모들의 키워드 사용 빈도수를 체크해 보도했다. 양당 후보 연설 참모들이 즐겨 사용한 단어는 단연 '변화' 였다. 민주당은 '변화' 가

당의 캐치프레이즈인 만큼 전당 대회에서 무려 119차례, 공화당은 변화는 변화인데 약간 애매한 변화를 내걸어서인지 30차례 사용했다. 경쟁자 이름을 언급한 것도 비교했는데 오바마는 3차에 걸친 TV 토론에서 매케인을 21차례, 매케인은 오바마 이름을 6차례 언급했다. 매케인의 화법은 인쇄 세대 화법이다. 상대방 이름을 자주 거론하면 정책에 대한 비판이 직접 그 사람 이름과 연동되는 것을 모르는 화법이었다. 오바마는 영상 화법으로 매케인의 이름을 부시의 실책과 연결시킬 때마다 언급해 서브프라임 사태로부터 시작된 경제 실책이 부시와 매케인 공동 작품으로 받아들이게 하는 데 성공했다. 2008 미국 대선의 최대 이슈였던 경제 문제에서도 공화당은 '비즈니스'와 '세금', 민주당은 '고용'과 '경제'라는 단어를 가장 많이 사용했다. 이처럼 키워드만 알아도 말하는 사람이 전하려는 메시지를 간단히 유추할 수 있다. 사용 빈도수가 높은 단어는 전하려는 메시지를 함축적으로 반영하는 것이다.

오바마의 연설 특징 중 하나는 키워드를 적절히 배치해 전체 연설 내용을 입체적으로 각인시킨다는 것이다. 그는 모든 연설에서 '희망, 변화, 우리, 미국인'이라는 단어를 매연설마다 적어도 수십 번씩 사용했다. 사람들이 그의 연설에 매료된 것은 '우리, 희망, 변화, 미국인'이라는 단어가 주는 기대와 자부심에 대한 격려 때문일 것이다.

오바마는 뉴햄프셔 예비 경선에서부터 연설로 인기몰이를 했다. 뉴햄프셔 예비 경선은 후보들에게 대단히 중요한 의미를 갖는다. 경선의 개막전이 아이오와에서 시작해 뉴햄프셔로 이어지기 때문에 이두 곳에서 승리를 하는 것이 첫 단추의 의미가 된다. 이곳에서의 결과가 향후 경선 결과에 막대한 영향을 미친다. 오바마는 개막전인 아이오와 경선에서는 이겼지만 뉴햄프셔에서는 졌다. 이때만 해도 예비 선거조차 경쟁자인 힐러리와 엎치락뒤치락했다. 그러나 그가 이때 행한 연설이 랩으로 만들어졌다. 그럴 수 있었던 이유 역시 그가즐겨 사용하는 반복법의 리듬이 랩과 유사했기 때문이었다. 오바마가 그때 했던 연설문에서 키워드 반복을 살펴보자.

"불가능한 이야기이지만 미국에서는 한 번도 희망의 메시지가 틀린적이 없다. 우리가 불가능한 도전에 직면했을 때 누군가가 우리에게,우린 준비가 안됐다고 말하거나, 우리에게 제발 도전 좀 그만 해 달라고 말해왔다. 또는 우리는 할 수 없다고 말했다. 하지만 미국인들은 조상 대대로 그럴 때마다 단 한 마디로 대답했다. 'Yes we can!' 'Yes, we can! Yes, we can!' 우리의 역사가 시작된 문서인 〈독립 선언서〉는 이러한 우리의 운명을 선언했다. 'Yes we can!' 이 이라는.

노예들과 노예해방주의자들이 자유를 찾아 나서야 했던 가장 깜깜하고 어려운 길을 걸을 때도 우리는 서로에게 속삭였다. 'Yes, we can!'

저 먼 해변에서 너무나 거센 자연의 재난을 무릅쓰고 서부를 개척한이민자들도 이렇게 노래했다. 'Yes, we can!'

동지들이 단합하며 노동조합을 만들고, 여자들이 투표권을 얻으려고 손을 뻗었으며, 대통령으로 하여금 저 하늘의 달이 우리의 새로운 개척지라고 말하게 했다. 그리고 왕(마틴 루터 킹)이 우리를 산꼭대기로 데려가 우리에게 약속된 땅(가나안, 미국의 이상적인 사회)이 되는 길을 보여주며 우리는 정의와 평등권을 이룰 수 있다(Yes, we can!)고 말했다.

우리는 기회와 번영을 만들 수 있다.(Yes, we can to opportunity and prosperity.) 우리는 이 나라를 치유 할 수 있다.(Yes, we can heal this nation.) 우리는 세계를 고칠 수 있다.(Yes, we can repair this world.) 그렇기에 내일 우리는 이 캠페인으로 남부와 서부로 뻗어나가, 스파르탄버그의 섬유공장 노동자의 어려움이나 라스베가스의 접시닦이가 겪는 곤경에 큰 차이가 없다는 것을 배울 것이다. 그리고 딜란(도시 이름)의 무너져가는 학교에 다니는 작은 여자아이들의 희망이 LA의 길거리에서 살아가는 법을 배우는 남자아이의 꿈과 같다는 것을, 그렇기에 우리들은 우리나라의 정치제도가 보여주는 것만큼 부가 제대로 나뉘지 않고 있다는 것을 배울 것이다. 우리는 한 민족(인종적인 것이 아니라 국가적), 한 국가라는 것을 배울 것이다. 그리고 우리는 다 같이 미국 역사의 새로운 장을 동부 해안부터 서부해안, 바다에서 반짝이는 바다까지 울리는 이 세 단어로 시작할 것이다. 'Yes, we can!"

여기서 키워드는 단연 '우리' '미국' '할 수 있다'로 '우리'를 설명하는 말들이다. 키워드인 두 단어를 이어 붙여 "우리는 할 수 있다."라는 문장을 만들고 이를 반복해 반복문장이 주는 리듬을 살렸다. 오바마는 뉴햄프셔에서 행한 이 연설에서 마지막 3분 동안 '우리는 ~을 할 수 있습니다(Yes, we can~).'를 12차례 반복했다. 이러한 반복은 리듬감으로 되살아났다. 강한 중독성으로 유행어가 되었다. 그 리듬감은 음악인들에게까지 영감을 주었다. 그룹 '블랙 아이드 피스'의 〈윌 아이 엠〉과 R&B 가수 존 레전드, 배우 스칼렛 요한슨 등 오바마를 지지하는 스타들이 뉴햄프연설에 곡을 붙여 뮤직비디오 '우리는 할 수 있다.'를 만들었다. 이 비디오에서 스타들이 부른 노래는 오바마의 실제 연설과 동일한 박자로 나란히 진행된다. 오바마의 연설 자체가 음악으로 부활한 것이다. 이것은 젊은 유권자들을 정치와 선거판으로 들어오게 만들었다. 그리고 '오바마니아(오바마와 마니아의 합성어)' 층이 형성되었다. 오바마니아들은 예비 선거 때마다 오바마가 연설하는 곳마다 달려와 성황을 이루었다. 오바마는 그야말로 연설로 대통령 선거를 축제의 장으로 변화시켰다. 이 노래를 만든 블랙 아이드 피스는 '인터넷의 오스카상'이라 불리는 웨비상 수상자 가운데 '2008 올해의 웨비 아티스트'로 선정되기도 했다.

개성을 존중하는 호칭을 사용하라

변호사, 자영업자, 성직자, 자동차 공장 노동자, 화학 공장 노동자 여러분

사람은 자기를 알아주는 사람에게 끌린다. 모르는 사람이 나를 알아 봐주면 각별한 친밀감이 가슴에 차오르기도 한다. 이름은 한 사람을 상징하는 기호이다. 그 기호를 적절히 사용하면 낯선 사람에게도 나를 알아준다는 느낌을 줄 수 있다. 쉽게 자기편으로 만들 수 있다. 가령 누군가가 길거리에서 나를 "아줌마"라고 부르면 전혀 안 끌리겠지만 "작가님"이라고 불러주면 마음이 끌려 저절로 뒤돌아보게 된다. 아줌마는 나이 든 여자라면 누구나 들을 수 있는 호칭이지만 작가님은 적어도 내가 책을 많이 쓴 작가라는 사실을 아는 사람만이 사용할 수 있는 이름인 것이다. "학생"보다는 "여고생"이, 아저씨보다는 "의사 선생님"이라는 호칭이 더 친근한 이름인 것이다.

지금은 개성 시대다. 샴푸도 나만을 위한 샴푸가 좋고, 초콜릿도 자기 이름이 박힌 것이 더 달콤하다. 남이 나와 같은 것을 소유하는 것은 거부한다. 말할 때는 이러한 점도 신경 써야 한다. 호칭은 넓고 광범위한 것보다 좁고 확실한 것으로 사용하라는 것이다. 너무 광범위한 호칭은 새 옷을 입고 나왔는데 똑같은 옷을 입은 사람을 한꺼번에 여럿 만나는 것과 같은 기분을 줄 뿐이다.

　　연설이나 프레젠테이션에서 막연히 "여러분"이라고 부르지 말라. "교사, 학생, 주부, 맞벌이 부부, 샐러리맨, 자영업자" 또는 "전무님, 상무님, 대리님"으로 세분화해서 불러야 "나에게 관심을 갖는군."이라는 친근감을 줄 수 있다. 그것이 최고 직위를 가진 리더의 연설일지라도. 더 이상 "친애 하는 국민 여러분" "친애하는 사우 여러분"은 처음부터 듣기를 거부하게 만든다. 프레젠테이션이나 연설은 시작 후 3초 만에 성공 여부가 판가름 난다. 전문가들은 이 3초의 이미지를 잘 다듬어 연설이 끝날 때까지 덕을 보라고 말한다. 그것을 후광효과hallo effect 라고 한다. 연설에서 처음 3초란 단상에 올라가 청중들의 얼굴 한 번 휘둘러보고 "여러분"이라는 호칭을 할 때까지일 것이다. 이때 몰개성하게 "여러분"을 사용하면 청중들의 친밀감을 얻어 낼 수 없고 다음 말에서 주의를 집중하게 만들기 힘들어진다. "친애하는"이라는 말을 붙여도 친밀감은 안 생긴다.

　　미국도 부시 대통령이 당선될 때까지는 모든 대통령 후보들이 치열한 연설전을 치르며 "내 친구 미국인(my fellow American)으로 말문

을 열었다. 그것은 "신사 숙녀 여러분(Ladies & gentleman)"에서 진일
보한 것이다. "신사 숙녀 여러분(Ladies & gentleman)"은 연사가 청자
들보다 우위에 있으며 서로 섞일 수 있는 존재가 아님을 드러내는 호
칭이다. "국민 여러분" 역시 매우 권위적인 칭호이다. 그에 비해 "내
친구 미국인"은 청자를 연사와 동일시하는 호칭이다. 민주화가 널리
확산될수록 호칭은 상대를 존중하는 방식으로 진화될 수밖에 없다.
이제 개성을 존중하는 영상 세대들에게 알맞은 호칭으로 진화되어야
한다.

　오바마가 그것을 했다. 그는 "내 친구 미국인" 대신 "고학생, 이민
가족, 하루 벌어 하루 사는 일용 근로자, 자동차 공장 노동자, 화학
공장 노동자 여러분" 등을 호칭으로 사용했다. 몰개성하게 하나로 묶
이는 호칭을 버리고 세분화해서 '나에게 말하는 것이로군.'이라고
생각하게 하는 호칭을 선택한 것이다. 그 정도로만 나눠서 상대를 불
러주어도 듣는 사람들은 '그 많은 무리 중에서 특별히 나를 챙기고
있어.'라는 안도감을 갖게 된다.

　오바마는 선거를 일주일 앞둔 마지막 연설에서 투표를 독려하면
서도 그런 호칭을 사용했다.

　"자녀 학비 걱정을 그치고 싶은 학부모, 의료 보험이 없어 언제 아
플지 걱정되는 식당 종업원, 직장이 해외로 이전돼 일자리를 잃을까
노심초사하는 직장인, 어른 아들을 전쟁터로 내몰고 싶지 않은 어머니

는 일주일 후 빠짐없이 투표해서 희망을 얻으라."

알고 보면 모든 미국인들을 말하는 것이지만 "국민 여러분 이제는 바꿀 때입니다. 빠짐없이 투표에 참가해주십시오."라는 말보다 " 내가 대통령에 당선되면 당신을 특별히 더 챙기겠다."라는 의미로 전해지는 호칭이 아닐 수 없는 것이다.

오바마는 연설 중간에도 개별적으로 자기만 특별 대접을 받은 느낌을 주는 호칭을 사용했다. 특히 인종 문제를 말할 때는 늘 다음처럼 말했다.

"이번에 우리는 흑인 어린이, 백인 어린이, 아시아인 어린이, 히스패닉 어린이, 그리고 인디언 원주민 어린이의 미래를 앗아가는 붕괴된 학교에 대해 얘기하고 싶습니다. 이번에 우리는 '이 아이들은 배울 능력이 없다'거나 '우리와 다르게 생긴 아이들은 우리가 상관할 바가 아니다'고 말하는 냉소주의를 거부하고 싶습니다. 미국의 어린이들은 그들의 아이가 아니라, 우리의 아이들이며, 우리는 아이들이 21세기 경제에서 뒤처지도록 내버려두지 않을 것입니다. 이번에는 아닙니다. 이번에 우리는 백인과 흑인, 히스패닉이 건강보험에 들지 않았더라도 병원 응급실을 이용할 수 있는 방법을 이야기하고 싶습니다. 그들에겐 워싱턴을 장악한 특수 이해집단을 이겨낼 힘이 없지만, 우리가 힘을 합치면 이겨낼 수 있습니다."

오바마는 자신의 가족사를 이야기할 때도 이런 방식의 호칭을 사용해 듣는 사람들에게 동질감을 갖게 했다.

"우리 가족 이야기는 인종과 사실들에 근거한, 수마일 및 한 세대에 이르는 이야기입니다. 그것은 농부와 군인 그리고 도시 근로자와 편모들의 이야기입니다. 그것은 캔자스와 케냐의 작은 도시 그리고 좋은 학교를 이르기도 하고, 하와이의 해변과 시카고의 거리의 이야기이기도 합니다. 그것은 다양하고 실현 불가능한 여정 같지만, 그러나 위와 같은 소박한 꿈에 의해 함께 이룩한 이야기입니다."

또한 국민들을 공화당과 민주당으로 분리해서 보지 말아야 한다는 말을 할 때도 이렇게 말했다.

"지식층들은 우리나라를 빨간 주와 파란 주로 쪼개려고 합니다. 빨간 주는 공화당, 파란 주는 민주당이지요. 하지만 저는 그들에게 하고 싶은 말이 있습니다. 우리 민주당은 연방 정부 요원들이 빨간 주에 사는 우리 친구들을 간섭하는 것이 싫습니다. 그러나 파란 주에도 어린이 야구단은 있습니다. 빨간 주에 사는 게이 친구들도 있습니다. 이라크 전쟁에 반대하는 애국자도 있고, 지지하는 애국자도 있습니다. 성조기 아래서 서약한, 미합중국을 지키려는 우리는 하나입니다."

정보 홍수의 시대를 사는 청중들은 또한 출처가 불분명한 근거 자료는 못 믿는다. 프레젠테이션이나 연설, 설득에 사용하는 자료의 출처는 분명할수록 좋다. 굳이 자료를 다 밝히지 않아도 근거가 되는 지명이나 명칭만 정확히 알려도 그런 효과를 거둘 수 있다. 이 점에서도 오바마는 탁월하다. 오바마가 2005년 워싱턴에서 행한 자녀 교육에 관한 연설문을 보자.

> "전국적으로 가장 높은 비율의 학생들이 대학 과목 선이수 시험을 치르고 있는 일리노이 주 스티븐슨 고등학교나 모든 학생들이 각자 컴퓨터 한 대씩을 사용할 수 캘리포니아 주 뉴 테크 고등학교처럼 부유한 학교에서는 지금 교육 혁신이 일어나고 있습니다. 하지만 대다수 학생들이 빈곤 계층 자녀들인데도 성적은 전국 평균을 웃도는 뉴어크의 브랜치 부룩 초등학교와 시카고의 카슨 초등학교 같은 곳에서도 분명히 혁신은 일어나고 있습니다."

물론 이와 같은 확실한 지명 등을 밝히려면 자료가 정확해야 한다. 그런 자료 조사는 누군가의 도움을 얻을 수 있다. 그러나 어떤 자료는 직접 확인하고 발로 뛰지 않으면 확실하게 제시하기 어렵다. 그래서 역사적으로 명연설가 소리를 듣는 사람들은 대부분 연설문 쓰는 것을 돕는 참모를 두더라도 대부분의 내용을 직접 작성한다. 케네디도 그랬고 마틴 루터 킹도 그랬다. 오바마 역시 대부분의 연설문은 자기 손으로 썼다고 한다.

　말은 생각의 표상이다. 남이 써주는 글은 자기 생각의 결정체로 환원되지 않는다. 멋진 말도 낭독으로 흐르기 쉽다. 개성 강하고 근거를 잘 믿지 않는 입맛 까다로운 청중을 사로잡으려면 연설문은 스스로 쓰는 것이 좋다. 그리고 연설의 3초 후광 효과를 높이는 호칭 사용은 가급적 청중들의 개성을 손상하지 않도록 쪼개 사용하는 것이 좋다. 만약 당신이 경쟁 프레젠테이션을 자주 하거나 연설을 하거나 리더다운 설득을 한다면 이 점만 잘 챙겨도 훨씬 더 말하기에 성공할 수 있을 것이다.

✚ 12장

자잘한 잽이 아닌
멋진 펀치 한 방을 노려라

피할 수 없는 반격은
망치로 못을 박듯 확실히 제압하라

기자 여러분께 저스틴을 소개하고 싶습니다

리더는 수없는 공격에 노출된다. 공격은 그 성격에 따라 부드럽게 제압하거나 망치로 못을 박듯 확실히 제압해야 한다. 자신을 괴롭히는 사람은 한두 번은 좋게 좋게 경고하고 그래도 괴롭힘을 중단하지 않으면 잔소리나 해대며 신경전을 벌일 것이 아니라 망치로 못을 박듯 꼼짝하지 못하게 하는 공격법을 찾아야 한다. 그럴 때 어설프게 방어하면 역공을 당하거나 방어한 일이 공격 자료로 변질될 수 있다. 급소를 노려야 할 때는 더 이상 그 문제로 스트레스 받지 않을 만큼 확실히 못박아두어야 한다. 때로는 리더가 공격받고 피하기만 하거나 역공의 시기를 놓치면 리더십이 빈약하고 우유부단해 보인다. 리더라면 공격의 결단을 보여주어야 할 때는 확실히 보여주어야 한다.

내가 아는 남자 중학교의 젊은 여교사는 중학교 3학년 담임을 맞자 자신을 선생님으로 인정하지 않고 맞먹으려고 하는 학생 하나를 교단 앞으로 불러내 매섭게 매를 때린다고 한다. 그렇게 하면 일년 내내 다른 학생들도 자기를 젊은 여자로 보지 않고 선생님으로 여겨 학생들을 제대로 리드할 수 있다는 것이다. 리더의 자리에 있으면 누구나 시시때때로 리더십을 시험 당한다. 그럴 때는 망치로 단숨에 못을 박는 방식으로 제압해 리더다운 카리스마를 보여주어야 한다.

이 역시 오바마의 사례를 통해 살펴볼 수 있다. 오바마는 가급적 자신에 대한 공격을 부드럽게 제압하는 타입이다. 이미 그가 흑인이라는 것만으로도 충분히 공격적으로 보이는 사회에서 살기 때문에 그럴 수밖에 없었을 것이다. 그러나 도저히 받아들일 수 없는 공격은 우물쭈물하지 않고 벌처럼 쏘아 완벽히 제압했다.

오바마가 언론에 올라 유명세를 탄 이유 중에는 아이러니하게도 경쟁 후보의 끈질긴 괴롭힘 때문이기도 하다. 오바마는 처음으로 일리노이 주 상원의원에 출마했을 때 상대 후보가 고용한 한 젊은이에게 스토커 수준의 괴롭힘을 당했다. 젊은이는 상사에게 지시 받아 움직이기는 했지만 정말로 열심히 업무를 수행했다. 아침부터 밤까지 오바마를 반경 2~3미터 밖에서 따라 다니며 사진을 찍은 것이다. 엘리베이터 탈 때, 딸들에게 전화 걸 때, 심지어 화장실에서 나올 때까지 사진을 찍었다. 오바마는 거의 스토킹을 당하는 것 같았다고 털어놓았다.

오바마는 젊은이에게 몇 번 직접 경고했다. 사진을 찍는 것은 말리지 않지만 너무 가까이 따라 다니지는 말라고. 필요하면 상사에게 연락하겠다고 말했다. 그러나 젊은이는 조금도 행동을 바꾸지 않았다. 오바마는 젊은이에게 말이 통하지 않을 것을 알았다. 그리하여 오바마는 그를 떼어낼 다른 방법을 강구하기로 했다.

오바마는 다시 한 번 젊은이에게 대화를 시도했다. 역시나 효과가 없었다. 이번에는 이름만 가르쳐 달라고 했다. 젊은이는 어찌나 직업의식이 투철한지 저스틴이라는 이름만 밝히고 다른 정보는 일체 제공하지 않았다.

그러던 어느 날, 기자들이 오바마를 취재하기 위해 몰려오는 중에 문제의 저스틴이 오바마 근처에서 사진을 찍고 있었다. 오바마는 갑자기 기자들에게 큰 목소리로 "기자 여러분, 저기 있는 저스틴을 소개하고 싶습니다. 라이언(그의 상대인 공화당 후보) 후보 진영에서 저스틴을 고용해 제가 어디를 가든지 따라다니게 한 모양입니다."라고 말했다. 저스틴은 오바마가 기자들에게 자기에 대해 말하는 동안에도 열심히 오바마의 사진을 찍었다. 그 와중에도 아랑곳하지 않고 오바마의 사진을 찍는 저스틴의 모습은 기자들의 주목을 받기에 충분했다. 기자들이 갑자기 저스틴을 둘러싸며 그를 인터뷰 했다.

"당신, 오바마를 화장실까지 따라 다닙니까?"

"항상 그 정도 거리에서 따라 다닙니까?"

기자들이 저스틴을 인터뷰하는 동안 카메라 기자들은 그가 오바마를 지근거리에서 촬영하는 모습을 촬영하는 진풍경이 벌어졌다. 그리고 그 사진들은 오바마의 선거구인 일리노이 주 스프링필드 지역 TV의 6시 뉴스에까지 방영되었다. 이 일로 공화당의 라이언 후보는 큰 타격을 입고 그 일을 그만둔 것은 물론이다. 오히려 오바마는 이 일로 대중들의 주목을 받기 시작했다.

리더는 대체로 성격이 급하다. 『조증』의 저자이자 존스홉킨스대학 정신과 의사인 존 가트너 박사는 성공하는 사람들은 거의 대부분 조증에 가까운 하이포마니아 증세를 가지고 있다고 한다. 그 증세는 성격과 말이 빠르고, 아이디어가 많고, 때로는 과대망상증으로 보일만큼 터무니없는 꿈을 현실과 혼동하는 것이다. 그래서 리더 중에는 자기 말만 하고 원인과 결과를 따지지도 않고 냅다 고함부터 지르는 사람들이 많다. 게다가 우리나라 사람들은 다혈질인 것을 자랑으로 여기기도 한다.

우리 주변의 알려진 리더 중에도 경쟁자가 비서를 시켜 안 좋은 소식을 전하면 비서에게 화를 내는 사람들이 많다. 어떤 리더는 화가 난 원인 제공자를 제대로 찾아 해결하려는 것이 아니라 하수인에 불과한 사람에게 화풀이를 한다. 그러나 그를 화나게 한 사람도 원해서 그 일을 한 것은 아닐 것이다. 옳고 그름을 알지만 화내는 당신의 편을 들어줄 수 없는 적진의 측근이어서인 것이다. 진정한 리더는 그 사람이 자신을 괴롭히는 것이 자기 직업에 충실한 것이라는 점을 인정할 줄 알아야한다. 그리고 그의 상사를 찾아 문제의 원인을 제거해야 한다.

산업 시대에는 리더의 다혈질이 자랑일 수 있었다. 누가 뭐라고 하건 밀어붙여서라도 성과를 내야만 성장할 수 있었다. 그러나 정보가 돈이 되고 디지털이 나이와 직위를 평준화시킨 지금은 다혈질이야말로 리더십을 훼손시키는 장해물이 되었다. 요즘은 유치원에 다니는 어린아이들도 누군가가 일방적으로 지시하면 거부하는 세상이다.

물론 리더 노릇을 하려면 분초를 다투며 수많은 문제를 다루어야 한다. 수많은 의사를 결정해야 한다. 매사를 신속하고 순발력 있게 처리하지 않으면 경쟁에 뒤진다. 그러나 디지털 기술이 발달할수록 리더십은 아날로그 방식이 유효하다는 것이 증명되었다. 리드 당하는 사람들의 의식이 높아져 리더를 무조건 따르지 않기 때문이다.

미국 최초의 흑인 대통령이 된 버락 오바마는 일은 디지털 리더십은 아날로그를 요구하는 새로운 시대에 알맞은 새로운 리더십의 모델이 되기에 충분하다.

지금 리더인 당신 앞에는 당신을 괴롭히는 수많은 과제들이 쌓여 있을 것이다. 괜히 그런 문제를 전달하는 것에 지나지 않는 사람에게 화를 내 리더십을 훼손시키지 말고 당신을 괴롭히는 원인 제공자를 찾아 급소를 제대로 공격해보라. 공격을 할 때는 망치로 못을 박듯 확실히 해보라. 그 일을 하는 당신의 카리스마는 따르는 사람들에게 리더다운 듬직함으로 비쳐질 것이다.

직접 비난하지 말고
받은 비난을 뒤덮어라

매케인은 자기 직업을 걱정하지만 나는 미국을 걱정합니다

삶은 전쟁이다. 때로는 매서운 공격으로 자신을 보호해야 한다. 누구보다 치열한 경쟁의 장에 서 있는 리더는 무혈 승리를 가져올 수 있는 공격 방법을 많이 알 필요가 있다. 하지만 공격을 하되 졸렬하지 않아야 하며, 앙금을 남기지 말아야 한다. 게임이 끝난 후 화해가 가능한 선에서 완벽한 제어를 가할 수 있는 공격 방법을 알아야 한다. 가장 치열한 공격이 오가는 정치판의 공방전은 직장, 가정, 개인적인 인간관계 등에서도 벌어진다. 정치인들에게 욕만 할 것이 아니라 그들의 고난도 기법을 배워보는 것도 좋을 것이다.

선거 막판에는 어디서나 치졸한 싸움이 벌어진다. 흑색선전, 인신공격, 색깔론 등을 가리지 않는다. 싸움이 과열되면 언제나 인간의 감춰진 모든 취약점들이 수면 위로 부상한다. 사람들은 그런 막판 싸움을 관전하면서 "더러운 행태" "유치한 정치인들"이라며 삿대질한다. 그러나 그런 싸움은 우리 주변에서 흔히 겪을 수 있는 싸움의 모습이다. 가정에서는 부부 간의 헤게모니 장악을 위한 경쟁, 부모의 사랑을 조금이라도 더 쪼개가려는 형제, 자매 간의 분쟁이 끊이지 않는다. 직장에서는 한정된 좋은 자리를 두고 벌이는 다툼과 권력 싸움이 정치판 못지않게 치열하지 않은가.

　사람은 누구든지 치열한 경쟁 마당에 임하면 긴장한다. 흥분되고 이겨야 한다는 집념에 사로잡힌다. 이겨야 한다는 것에 집착하면 이성이 약화돼 할 말, 안 할 말을 다 끄집어내 유치한 공격을 할 수도 있다. 오죽하면 "화나면 무슨 말을 못해?"라는 말이 아무렇지도 않게 들리겠는가? 그런데 『눈먼 자들의 도시』의 저자 주제 사마라구Jose Saramago의 말처럼 리더의 말은 금덩이보다 더 무겁다. 공격하면 그 무게가 더욱 커진다. 경쟁에서 이기면 사과하고 화해할 수 있지만 지면 상대편에게 준 무게 때문에 화해가 불가능해진다. 다시 일어서기 어려운 치명타를 입을 수도 있다. 강한 방어에 걸려 넘어져도 공격의 부메랑으로 몰락할 수 있다. 따라서 경쟁이 치열한 높은 직위에 있는 리더일수록 경쟁 마당에 서더라도 말은 가려서 해야 한다. 즉, 공격과 방어를 세련되게 해야 한다는 말이다.

　2008년 미국 대통령 선거에서도 흑색선전과 미국에 어울릴 것 같지 않은 색깔론이 난무했다. 그도 그럴 것이 미국인들이 불과 2008년

9월 중반까지 예상하지 못한 흑인 대통령 후보인 오바마가 정말 대통령이 될 것으로 보이자 내부 충격이 상당히 컸을 것이다. 경쟁자인 공화당의 매케인 후보 측은 예상 밖의 수세에 몰리자 절대로 뒤로 물러설 수 없다는 전의에 불탔다. 그러다 보니 선거 캠페인 내내 매케인이 공격하고 오바마가 방어하는 방식으로 흘러갔다. 정치 공방에는 관전자가 많다. 지지자를 결정하지 않고 오락가락하는 부동표의 행방이 최종 승리를 좌우하기도 한다. 부동층은 나에게 우호적인지 아닌지 알 수 없는 고객과 같은 존재다. 선거에서는 그런 사람들을 가급적 많이 자기편으로 끌어 들여야 이길 수 있다. 그들이 상대편 공격에 가담하면 질 수 있는 것이다. 그런 사람들이 관전하기 때문에 상대방의 날카로운 공격을 수동적으로 방어해 공격자의 말을 진짜로 받아들이지 않도록 차단해야 한다. 그럴 가능성이 높은 공격은 반드시 강하게 쐐기를 박아야 하고 쟁점화 되어 역풍을 맞을 수 있는 것은 조용히 잦아들게 해야 한다. 무조건 공격을 강하게만 하면 그 문제가 쟁점화되어 부메랑으로 돌아올 수 있다. 자신에게 불리하고 관전자들이 쉽게 흡입할 수 있는 공격일수록 쟁점화되지 않도록 조심스럽게 방어해야 한다.

오바마는 매케인의 경륜 부족과 색깔론, 나중에는 공산주의로 모는 중상모략까지 쟁점화하지 않고 주요 요소만 날카롭게 공격해서 이겨냈다. 미국인들이 가장 잘 유혹당하는 테러리스트 연계 비방도 절묘하게 방어했다. 가장 절묘한 방법은 직접 비난하지 않고 경쟁자가 공격에 사용한 말을 두 배로 키워 돌려보내는 방식이었다.

선거 내내 매케인의 최대 공격 포인트는 오바마의 짧은 정치 경륜, 미국인들이 좋아하지 않는 케냐 출신 흑인, 미국인들이 테러리스트를 연상하는 아랍인 등으로 이미지를 굳힐 요소를 가지고 있다는 점이었다. 아직은 미국인들이 흑인 대통령 후보에게 우호적이지 않은데다 그의 이름조차 미국인들이 가장 두려워하거나 증오하는 오사마 빈 라덴과 테러 지원자로 처형된 이라크 전 대통령 후세인의 이름을 다 가져 매케인에게는 공격 호재가 아닐 수 없었을 것이다.

매케인은 가장 먼저 오바마의 부족한 정치 경력부터 공격했다. 오바마는 이를 맞받아치지 않았다. 그 대신 금융 붕괴 해결책을 내놓아 매케인의 주장이 케케묵었다는 이미지 부각에 주력했다. 매케인이 오바마보다 상대적으로 유리한 자신의 높은 경륜을 크게 부각시키려고 레이건 시절을 말하고 시저와 알렉산더 대왕을 거론할 때 오바마는 중국 시장의 확대가 미국에 미치는 영향과 인터넷이 만들 새로운 시장 경제, 미래의 에너지, 글로벌 시대의 인재 육성책 등을 말해 매케인의 경륜이 낡았다는 것과 같다는 이미지로 전환하는 데 성공했다. 또한 매케인이 부시의 실패한 경제 정책에 90퍼센트 찬성했다는 것으로 부시와 매케인의 이미지를 연동시켜 자신의 짧은 경륜을 공격하는 매케인의 경륜이 미국인들이 피곤해 하는 부시의 적자임을 부각시켰다. 매케인이 부통령 후보로 세라 페일린을 지명하자 그녀의 천방지축과 미숙함을 크게 부각시켜 매케인이 쟁점화하려고 노력한 오바마의 정치 경력 부족에 관한 공격을 무력화시키기기도 했다.

　매케인이 경륜 다음으로 들고 나온 공격 자료는 색깔론이었다. 이것은 미국인들에게 오바마를 곤경으로 몰아넣을 수 있는 위험한 공격으로 비쳤다. 그러나 오바마 측은 매케인 측의 색깔론에 일일이 대응하지 않아 쟁점화되지 않게 함으로써 조용히 잦아들게 하는 데 성공했다. 오바마는 매케인 측의 색깔론을 직접 반격하지 않고 미국인들이 가장 염려하는 월스트리트 금융 붕괴의 수습책을 내놓는 데 주력했다. 이는 언론이 색깔론을 쟁점화하기보다 금융 붕괴를 더욱 중요한 아젠다로 선택하게 만든 세련된 반격이 되었다. 일부 언론에서는 오바마가 금융 붕괴의 반사 이익을 챙긴다고 간단히 논평했지만 그 이면에는 오바마의 색깔론을 비켜 금융 문제로 쟁점을 옮기게 한 절묘한 방어 전략이 숨어 있었다.

　매케인 측은 이미 당 내 경선에서 힐러리가 오바마의 주요 공격 급소로 만들어 공격에 사용한 색깔론을 너무 오래 붙들어 공격 파워를 놓쳤다. 힐러리는 이미 당내 경선에서 지난 2003년 한 행사에서 당시 일리노이 주 상원의원이던 오바마가 팔레스타인 전문가인 시카고 대학의 교수 라시드 칼리와의 친분관계를 가졌다고 말해 민주당원들이 그의 사상을 의심하게 만들었다. 이러한 방식의 공격은 민주당 내에서도 환영을 받지 못했다. 힐러리는 색깔론을 들고 나온 이후 지지율이 수직 하강했다. 매케인은 힐러리가 이미 사용하고 폐기처분한 색깔론을 들고 나온 것이다. 그래서 매케인의 공격은 그다지 큰 힘을 발휘할 수 없었다. 공화당이 내놓은 색깔론은 급진적인 보수파들을 부추겨 오히려 공화당 측을 불리하게 만들었을 뿐이다. 매케인 측이 오바마와 라시드 칼리 교수와의 친분 관계를 내세운 색깔론을 내놓은 후 공화당 전당 대회에 참가한 보수적인 시민들인 백인 할머니들이 매케인의 마이크를 빼앗아 "오바마는 테러리스트!" "난 오바마가 대통령 되는 것이 무서워요. 우리나라는 테러리스트들이 설치는 나라가 될 거예요." "오바마 목을 잘라 매달자." "오바마는 아랍인!" 등의 극단적인 발언을 했으며 이 내용이 여과 없이 전국에 TV로 방영되었다. 당황한 매케인이 마이크를 도로 빼앗아 "그가 테러리스트라는 것은 아니다. 그도 훌륭한 대통령 후보이다. 다만 내가 그보다는 낫다는 것이다."라며 수습하려고 애쓰는 모습 역시 방영이 되었다. 매케인의 이런 태도는 모종의 음모를 획책하는 이미지로 부각돼 부동층의 일부가 오바마 편으로 몰리도록 함으로써 오마마와의 지지도 격차를 벌이는 자충수가 되고 말았다. 그런데도 매케인은 미국인들에게 가장 약발이 잘 받을 것으로 보이는 색깔론을 끝내 포기하지 못했다.

매케인은 대통령 선거를 닷새 남긴 10월 29일 플로리다 주의 선거 유세와 CNN방송 인터뷰에서 "1960년대 과격 좌파였던 윌리엄 에이어스와 오바마의 관계에 대해 미국인들은 진실을 알아야 한다."며 아예 정식으로 색깔론을 디밀었다. 윌리엄 에이어스는 FBI가 국내 테러 조직으로 분류한 반전 단체 '웨더 언더그라운' 단원의 한 사람이었다. 오바마 진영은 이 문제 역시 힐러리로부터 많은 공세를 받아왔다.

오바마 측은 이때 오바마가 1995년에 에이어스를 만난 것은 사실이
지만, 2005년 상원의원 당선 이후에는 전화 통화나 이메일을 주고받
은 적이 결코 없다는 반박을 했다. 그런데도 매케인 측이 공세를 늦추
지 않자 오바마 측은 에이어스와 웨더 언더그라운드가 급진적인 반전
운동을 벌일 때 오바마는 겨우 8세 어린아이였다고 다시 반박했다.
그런데도 매케인은 물러서지 않고 "중요한 것은 그가 8세였다는 것이
아니라 에이어스의 영향권에서 오바마가 정치를 시작했다는 것"이라
며 공세의 고삐를 더욱 조였다. 공화당 부통령 후보인 페일린은 10월
3일자 「뉴욕 타임스」 기사에서 오바마가 테러리스트와 어울려 다녔
다고 근거 없는 비방을 하기까지 했다. 미국의 우파 보수주의자이자
「뉴욕 타임스」의 칼럼니스트인 윌리엄 크리스톨과의 10월 5일 인
터뷰에서는 인종 편견을 내보인 오바마의 정신적 스승 제레미아 라이
트 목사 문제를 끄집어내야 한다며 색깔론을 인종 문제로까지 확대하
기도 했다. 그러나 보수적인 언론들조차 윌리엄 에이비스는 미국에
반전 운동이 한창이던 60~70년대 '웨더맨'이라는 과격 반전 운동 단
체의 회원이었지만 현재는 일리노이 주립대학 교육학과 교수로 재직
하면서 일리노이 주의 학교 개혁 운동에 주도적으로 참여하고 있는
인물이라는 점을 꼬집어 공격 파워는 슬그머니 사라졌다.

　매케인 진영의 선거 책임자는 10월 6일 「뉴욕 데일리 뉴스」와의
인터뷰에서 노골적으로 "위험한 방법이긴 하지만 다른 선택이 없다.
만약 계속 경제 위기 얘기만 하면 매케인이 질 수밖에 없을 것."이라

고 실토해 공화당 색깔 공세의 속사정을 털어놓기도 했다. 미국 언론은 매케인이 승리할 수 있는 유일한 방법은 오바마를 불확실하고 과격한 인물로 몰아, 상대적으로 안정적인 이미지를 가진 매케인에게 표를 돌리는 것이라고 고백한 것이다. 심지어 매케인의 선거 광고 메인 테마는 '오바마는 미국인들에게 너무 위험한 존재'다. 선거 마지막 주에는 매케인의 대리인들이 오바마의 미들 네임인 '후세인'을 강조하며 유세장 청중들을 자극하기도 했다. 페일린의 유세장에서는 '후세인'이라는 이름이 불릴 때마다 오바마를 향해 "테러리스트!" "반역자!" "죽여라!"라는 구호까지 나왔다.

이처럼 유치하지만 가장 잘 먹힐 수 있는 공격은 비슷한 수준으로 반격하면 이전투구가 된다. 그렇게 되면 그 문제가 쟁점화 되어 싸우는 사람들의 손을 떠난다. 어느 방향으로 튈지 알 수 없게 되는 것이다. 여기에 휘말리지 않고 공격을 잠재운 오바마의 화법은 단연 돋보인다. 그는 선거 일주일 전에 행한 마지막 연설에서 간단히 "매케인은 자기 직업을 염려하지만 나는 미국을 염려한다." "매케인은 5퍼센트의 「포춘」 부자들을 염려하지만 나는 95퍼센트의 미국인들을 염려한다."라는 말로 상대방의 공격을 넘어서는 세련된 대응으로 그들의 유치한 공격들을 잠재우고 대망의 뜻을 이룰 수 있었다.

당신이 경쟁자에게 가장 취약하지만 억울한 공격을 당할 때 오바마의 이런 대응 방법을 응용한다면 당신의 리더십이 한층 업그레이드 될 것이다.

직격탄보다
사이드 킥의 위력을 발휘하라

매브릭이 아니라 맥부시

리더에게는 무엇보다 믿음직한 참모가 필요하다. 참모의 주 임무는 공은 리더에게 돌리고 욕은 대신 먹어주는 일이다. 충실한 참모일수록 이런 임무를 제대로 수행한다. 참모는 리더가 직접 공격하는 대신 흠집나기 쉬운 공격을 대신해주는 역할을 한다. 공격에 성공하면 과실은 리더에게 넘기고 실패해서 먹는 욕은 자신이 뒤집어쓰는 것이다. 강력한 리더일수록 이런 임무에 충실한 참모를 곁에 많이 두어야 한다. 세종대왕이 세계사에 거의 유래가 없는 문자를 창제하고 수많은 기술을 발명할 수 있었던 것은 장영실, 윤회 등의 충실한 참모가 많아서다. 리더 곁에 든든한 참모가 많으면 리더는 곤경이나 위협도 쉽게 물리칠 수 있다. 당신이 직장 리더라면 모든 일을 다 하지 말고 아랫사람들에게 적절히 권한을 위임해야 하며 당신이 부모라면 자녀가 할 일을 대신 해주지 말고 자기 할 일을 자기가 알아서 하게 해야 부모로서의 리더십도 커진다. 당연히 정치 리더에게는 누구보다 충실한 참모가 필요하다.

하지만 그런 충실한 참모는 저절로 생기는 것이 아니다. 덕망과 언행과 마음 씀씀이에 따라 한 명도 없을 수 있고 여러 명 있을 수도 있다. 당신이 더 큰 리더로 성장하려면 당신이 모든 일을 다 도맡지 말고 당신의 궂은일을 기꺼이 도맡아 해줄 참모를 구하는 일에 더 많은 마음을 쏟아야 할 것이다.

미국의 대통령 후보는 그런 참모가 되어줄 부통령 후보 지명에서 리더십을 시험 받는다. 미국 대통령 후보는 누구의 간섭도 받지 않고 스스로 부통령 후보를 선택할 수 있다. 부통령 후보는 선거 기간에는 대통령 후보가 흠집을 입을지도 모르는 공격을 직접 감행하는 최측근 참모 노릇을 한다.

매케인은 72세로 자신이 역사상 최고령 대통령 후보이며 보수적인 백인 남자라는 약점을 보완하려고 44세의 젊은 여성, 세라 페일린을 부통령 후보로 선택했다. 젊은 경쟁자 오바마에 비해 너무 늘어보이는 것을 보완하고 당내 경선에서 치열한 경쟁을 벌여 서로 상처를 주고받은 민주당 힐러리 상원의원을 지지하던 백인 여성들의 표를 끌어당기겠다는 복안이 그럴듯했다. 그러나 날이 갈수록 세라 페일린은 참모로서의 역할보다 후보를 능가하는 튀는 행동을 보여 매케인의 리더십을 입에 오르내리게 했다. 오바마는 대부분의 예측처럼 당내 경선 경쟁자였던 힐러리 상원의원을 부통령 후보로 지명하지 않았다. 그 대신 경륜 높고 충실한 참모 역할이 가능한 66세의 조셉 바이든 상원의원을 부통령 후보로 선택했다.

선거 유세 내내 매케인 후보 진영은 대통령 후보와 부통령 후보 간의 역할을 분담하지 않고 공격 일변도로 나갔다. 이를테면 오바마의 테러리스트와의 연계 발언 등으로 두 사람이 같은 방식으로 공격한 것이다. 굳이 역할 분담이라고 본다면 매케인이 포문을 열고 페일린이 칼을 휘두르는 방식 정도라고나 할까? 그러나 오바마와 바이든은 처음부터 역할 분담을 분명히 했다. 오바마는 경쟁자의 날카로운 공격에 점잖게 방어하고 날카로운 직격탄은 바이든이 사용한 것이다. 이러한 역할 분담은 오바마가 '흑인은 공격적' 이라는 미국인들의 고정관념을 고려하면서 공화당을 현명하게 공격할 수 있게 했다. 또한 경쟁자와 이전투구를 하다가 흠집이 날지라도 대통령 후보를 보호할 수도 있었다. 리더와 참모의 분명한 역할이 제대로 효과를 발휘한 것이다.

조셉 바이든은 미국 정치권 내에서는 오래전부터 속 시원한 직격탄을 잘 날리는 것으로 유명한 인물로 그의 절묘하고도 날카로운 공격은 이번 대선에서 크게 빛을 발했다. 오바마를 색깔론과 인종 문제 등 미국인들의 고질병을 자극해 공격해대는 매케인 측으로부터 오바마를 보호하고 그들의 공격이 흑인의 공격성에 대한 고정관념으로 가득 찬 유권자들에게 확산되는 것을 봉쇄하는 중요한 역할을 한 것이다. 그에 비해 리더와 참모로서의 역할 분담이 제대로 이루어지지 않은 공화당 측은 캠페인 도중 엇박자를 내고 집안싸움이 노출되기도 했다. 매케인이 천방지축으로 나대며 위험한 발언을 해대는 참모인 페일린을 통제하지 못하고 지지율이 떨어지자 "페일린이 차기 공화당 후보를 노린다."는 자기편 공격까지 노출시키고 말았다.

조셉 바이든의 최고 공적은 매케인을 부시의 저격수 이미지로 완전히 고정시킨 일이다. 매케인은 미국인들이 자랑스러워하는 해군 출신이다. 베트남전에 헬기 조종사로 참전했다가 6개월간 포로 생활을 하기도 했다. 그의 아버지는 그 당시 공군 사령관으로 집안도 좋았다. 그런 발판으로 그는 보수적인 공화당에서 잔뼈가 굵었으며 공화당 내 입김도 센 편이었다. 그래서 그는 자신이 옳다고 여기면 명령 불복종도 불사한다는 '길들이기 힘든 망난이'라는 뜻의 '매브릭'이라는 별명으로 불렸다. '매브릭'은 미국에서 선풍적인 인기를 모은 전쟁영화 〈탑 건〉에서 톰 크루즈가 맡았던 인물의 별명, 그는 상관의 지시를 따르지 않고 자기 직관에 따라 행동해서 오히려 전쟁을 승리로 이끌어 미국인들의 가슴에 가장 미국적인 영웅으로 기억되고 있다. 매케인은 그런 매브릭의 이미지를 차용해 자신을 부시와 차별화하려고 노력했다. 그러나 조센 바이든은 단 한 마디로 그것을 봉쇄했다. "매케인은 부시 정책의 90퍼센트에 찬성한 사람이다. 매브릭이 아니라 부시의 사이드키커이다."라고 공격한 것이다. 그런데 표현이 깔끔해 이 말이 유행어가 되었다. 언론도 재미있는 이름을 놓치지 않고 사용했다. 이것은 매케인을 금융 붕괴를 부른 부시와 한통속으로 보게끔 하여 결정적으로 오바마의 지지율 격차를 벌인 또 하나의 사건이 되었다.

　민주당의 공격이 만만치 않자 공화당은 다시 오바마를 테러리스트로 연계하려고 지금은 잘 사용하지 않는 영어 "친구로 지내다. (palling around, 여기서 pall은 '펜팔하다'의 pall이다.)"라는 용어를 찾아내 오바마와 급진 과격파들의 친분을 은밀히 퍼트리려고 했다. 그 새로운 표현은 미국인들에게 우리나라를 처음 방문한 일본 천황이 일제 침략을 사과하며 했던 말인 '통석의 염'만큼이나 생뚱맞은 것이다. 하여간 그 새로운 표현은 엉뚱하게도 나이가 아주 많은 극보수 진영을 고수하는 미국인들을 자극해 "오바마는 테러리스트, 그의 목을 잘라라." "오바마는 아랍인." 등의 구호가 유세장으로 터져 나오게 함으로써 역효과만 초래했다. 세라 페일린은 참모답게 이를 잠재워 공화당을 유리하게 만들지 못하고 오히려 더욱 불을 붙여 역풍이 더욱 심해졌다. 이런 방식의 공격도 약발이 안 받자 매케인은 오바마가 유세 중에 배관공 조와 나눈 이야기를 예로 들어 "오바마는 부자들의 돈을 빼앗아 가난한 사람들에게 나누어 주려고 한다."며 그를 공산주의자로 몰았다. 하지만 이 역시 크게 어필하지 못했다. 미국인들에게는 이미 멸망한 공산주의자로 모는 것 자체가 낡아 보인 것이다.

　그러자 이번에는 오바마의 세금 정책으로 공격했다. "오바마의 감세 정책은 부자들의 설 곳을 빼앗아 일자리 창출을 어렵게 해서 서민들도 힘들게 할 뿐이다. 그의 정책은 미국의 금융 붕괴를 회복하기는커녕 더욱 구렁텅이로 몰아넣는 것이다."라고 외쳤다. 이 역시 부자들의 독식으로 금융이 붕괴된 마당에 미국인들의 호응을 얻기가 어려웠다. 결국 매케인측은 오바마가 치명적인 문제의 공격에도 끄떡하지 않자 우왕좌왕하면서 이것저것 집적거렸지만 어느 것도 결정적인 효과를 거두지는 못했다. 오바마는 그런 매케인에게 "이제는 내가 어릴 때 친구들과 장난감을 바꿔 가지고 논 것으로 나를 공산주의자라고 할 모양"이라며 그들의 공격이 어른답지 못하다는 점을 가벼워 보이지만 아프게 꼬집었다.

그 와중에 세라 페일린은 선거 나흘 전 캐나다의 한 코미디언이 전화를 해서 서툰 불어로 "나는 프랑스의 사르코지 대통령인데 나랑 헬기 타고 총 공중에서 빵빵 쏘며 사냥하고 싶지 않냐."고 묻자 속아 넘어가 같이 킬킬거리며 동조하는 농담을 주고받은 사실이 언론에 공개돼 다시 한 번 자격론에 휩싸였다. 캐나다 코미디언들은 페일린과 전화로 나눈 포르노 이야기를 가지고도 희화화 했다. 캐나다 코미디언들은 자기들의 유치한 전화통화에 속아 넘어가 유치한 농담을 받아준 페일린을 풍자하는 코미디로 미국에서까지 주목을 받았고 페일린은 이 일로 명품 옷 구입비 과다 지출 사건에 이어 다시 한 번 부통령의 자격 시비에 시달려야 했다.

공격의 역할 분담이 안 된 매케인 측은 둘 다 공격에 매달리다가 가장 중요한 이슈를 놓치고 엉뚱한 구설수에 휘말리기도 했다. 매케인은 월가의 붕괴로 금융 문제 해결책을 내놓아야 할 중요한 때 우왕좌왕해 더욱 인기를 잃었다. 매케인은 월가의 굵직굵직한 금융사 파산 소식이 전해지는 동안 미국의 경제 시스템은 튼튼하다고 말했다가 다음 날 바로 미국 경제가 총체적 위기에 빠졌다고 정정했으며, 망해가는 은행에 재정을 지원해야 한다고 말했다가 바로 다음 날 그런 곳은 지원하면 안 된다고 말하는 등 지나치게 우왕좌왕함으로 경제 문제를 믿고 맡기기 어려운 사람이라는 이미지를 키웠다. 심지어 대선 후보 3차 TV토론 며칠 전에 발표된 금융사 파산 소식이 나오자 자신이 워싱턴으로 달려가 이 문제를 수습해야 한다며 TV토론을 연기하자고 말했다가 오바마가 연기할 필요 없다고 말하자 그냥 하겠다고 말하는 등 경제 문제에서 전문성을 가지고 임하지 못하는 모습이 가장 치명적인 약점으로 부각되었다.

오바마는 매케인에게 수많은 공격을 받았지만 자기가 직격탄을 날리지 않았다. 직격탄을 날려야 할 상황이 되면 조셉 바이든이 슬그머니 받아쳤다. 조셉 바이든은 매사에 나서서 자기 색깔을 내는 페일린과 달리 '민주당에는 부통령 후보가 안 보인다.'는 언론보도가 있을 만큼 조용히 있다가 결정타가 필요할 때만 등장해 날카로운 킥을 날렸다. 그 덕분에 오바마는 매케인의 공격에 대해 일일이 집적대지 않고 자신의 정책을 설명할 차례에만 매케인의 잘못된 정책과 잘못된 공격 내용을 조목조목 이성적이고 논리적으로 바로잡을 수 있었다. 오바마는 그야말로 공격에서 사이드 킥의 위력을 최대한 활용한 셈이다.

리더인 당신이 누군가의 공격을 방어해야 할 입장이라면 혼자 모든 것을 다 해결하려고 하지 말고 참모들에게 역할을 분담해주는 것이 좋다. 리더인 당신은 인심을 얻을 수 있는 말만 하고 말하기 곤란한 민감한 사안은 참모가 말하게 해 당신이 직접 이전투구에 뛰어드는 모습은 가급적 보여주지 않는 것이 현명하다. 사장이 직접 사원을 야단치거나 고객과 실랑이를 하는 것은 정말로 위험한 짓인 것이다. 대통령이 직접 자잘한 발표를 하거나 장관이 나서는 것도 위험하다. 웬만큼 궂은일에 대한 발표는 참모의 입으로 하게 해야 한다. 공격을 공격으로 되받으면 흥분하게 되고 그 상태에서는 막말을 내뱉기 쉽다. 막말은 이전투구로 이어지고 이전투구는 상대방에게만 상처를 입히지 않는다. 자신도 똑같은 사람 취급을 받게 한다. 그래서 당신이 직장의 리더라면 부하 직원을 일일이 야단치기보다 바로 아래 직원에게 대신 야단게 하고 당신은 인심 얻을 말을 골라서 해야 리더로서의 품위를 지킬 수 있는 것이다. 당신이 아빠라면 엄마에게 욕먹을 말을 맡기고 당신은 인심 얻을 만만 하는 것이 아빠의 권위를 살리는 길이다. 당신이 며느리라면 당신은 시부모에게 인심 쓸 말만 하고 욕먹을 말은 남편이 하게 하는 것이 현명한 것이다. 물론 당신이 사회적인 리더라면 이전투구는 참모에게 전가하는 것이 너무나 당연하다.

대화와 스피치에 자신감을 갖고
성공하고 싶은 당신을 위한 프로그램

눈부신 기술 발전과 빠른 국제화로 커뮤니케이션 능력이 모든 능력을 재는 바로미터가 되었습니다. 그러나 성인이 새삼 스피치와 대화를 위한 교육을 받는 일은 부담스러울 수밖에 없습니다. 이에 저자 이정숙은 교육받는 부담을 최소화하고 가장 효율적인 커뮤니케이션 세미나를 엽니다.

세계적으로 그 능력을 인정받고 있는 국내외 인사들로 자문단을 구성해 글로벌 시대를 선도하는 커뮤니케이션 스킬 교육을 실시하려고 합니다. 본 세미나에 참석해 대화의 자신감을 얻고 경제 위기에도 걱정이 없는 글로벌 인재가 되십시오.

파워 스피치 과정: 경영진과 사회 리더들에게 가장 중요한 지시, 회의, 협상, 비공식 대화, 첨단 미디어 기기로 커뮤니케이션하는 법까지 비즈니스 전반에 필요한 스피치를 익힙니다. 저자가 직접 비전 중심으로 스피치, 전략 지시, 회의 등을 이끌며 자신의 커뮤니케이션 스타일을 객관적으로 분석해드립니다.

스피치 코칭 과정: 비즈니스에서는 상황에 따라 커뮤니케이션 방법을 조정할 줄 알아야 성공할 수 있습니다. 본 세미나는 프레젠테이션, 면접(취업, 승진, 구조조정 시의 면접 등), 세일즈 등 상황에 맞춰 커뮤니케이션이 이론에 머물지 않고 수강생의 인생을 바꾸는데 사용되는 상황적(Situational) 언어와 제스처, 태도(Para-Verbal) 등을 목표 중심적(Object-Oriented) 내용전개 이론으로 시뮬레이션하며 훈련하는 과정입니다.

리얼 MBA 과정: 뉴욕 스턴 비즈니스 스쿨을 졸업하고 영국계 경영 컨설턴트사 UnFroZenMind에서 상무이사로 재직한 조승연이 미국 등 해외 젊은 백만장자가 공동으로 개발한 프로그램으로 백만장자들이 현지에서 직접 화상으로 양방향 커뮤니케이션을 하며 비즈니스 코칭을 합니다. 창업, 취업 준비생, 직장인 및 변호사, 의사 등 전문직 사무실을 운영하시는 분들을 대상으로 세계적인 경영자들이 이용하는 SWAT, 6-thinking Hat 등의 방식으로 경영자 마인드 기르기 훈련을 하고, 해외 코치들이 인정한 우수자에게는 세계백만장자 클럽 맴버 기회, 인턴 및 취업, 또는 사업 자금 투자 유치 등의 혜택을 드립니다.

English Clinic 과정: 영어를 잘하려면 언어 논리부터 배워야 합니다. 그 중에서도 영어 글쓰기는 언어 논리를 모르면 영어를 잘해도 잘 쓰기 어렵습니다. 본 프로그램은 SAT 작문 부문 만점을 받은 『공부기술』 저자인 조승연의 방식으로 한국인에게 가장 취약한 서양식 언어 논리를 토대로 영어를 잘하지 못해도 영어 글쓰기 방법을 터득하게 하는 프로그램입니다. 본 프로그램은 짧은 시간 안에 영어 글쓰기 방법을 마스터하고자 하는 분들에게 도움을 드릴 것입니다.

프로그램 안내 홈페이지 www.edutainergroup.com
이메일 mich2340@hanmail.net
문의 전화 02-541-2310

오바마는 귀가 아닌 가슴을 향해 말한다

펴낸날   초판 1쇄 2008년 11월 17일
         초판 5쇄 2010년 2월 3일

지은이   이정숙
펴낸이   심만수
펴낸곳   (주)살림출판사
출판등록 1989년 11월 1일 제9-210호

경기도 파주시 교하읍 문발리 파주출판도시 522-1
전화 031)955-1350   팩스 031)955-1355
기획·편집 031)955-4694
http://www.sallimbooks.com
book@sallimbooks.com

ISBN   978-89-522-1041-8   03320

책임편집 김혜영